MAÇONARIA

Desvendando os Mistérios Milenares da Fraternidade:
Rituais, Códigos, Sinais e Símbolos Maçônicos
Explicados com mais de 200 Fotografias e Ilustrações

Jeremy Harwood

Maçonaria

Desvendando os Mistérios Milenares da Fraternidade:
Rituais, Códigos, Sinais e Símbolos Maçônicos
Explicados com mais de 200 Fotografias e Ilustrações

Tradução:
Alexandre Trigo

MADRAS®

Publicado originalmente em inglês sob o título *Freemasonry: Unlocking the 1000-year-old mysteries of the Brotherhood: the Masonic rituals, codes, signs and symbols explained with over 200 photographs and illustrations*, por Anness Publishing Ltd.
© 2007, Anness Publishing Limited, UK.
Direitos de edição e tradução para o Brasil.
Tradução autorizada do inglês.
© 2014, Madras Editora Ltda.

Editor:
Wagner Veneziani Costa

Produção e Capa:
Equipe Técnica Madras

Tradução:
Alexandre Trigo

Revisão da Tradução:
Jefferson Rosado

Revisão:
Jerônimo Feitosa
Ana Paula Luccisano
Neuza Rosa

Dados Internacionais de Catalogação na Publicação (CIP)
(Câmara Brasileira do Livro, SP, Brasil)

Harwood, Jeremy
Maçonaria: desvendando os mistérios milenares da fraternidade: rituais, códigos, sinais e símbolos maçônicos explicados com mais de 200 fotografias e ilustrações/Jeremy Harwood; tradução Alexandre Trigo. – 1. ed. – São Paulo: Madras, 2014.
Título original: Freemasons.
Bibliografia

ISBN 978-85-370-0725-9

1. Maçonaria – História 2. Maçonaria – Simbolismo 3. Maçonaria – Rituais 4. Sinais e símbolos I. Título.

14-06183   CDD-366.1

Índices para catálogo sistemático:
1. Maçonaria: Sociedades secretas   366.1

É proibida a reprodução total ou parcial desta obra, de qualquer forma ou por qualquer meio eletrônico, mecânico, inclusive por meio de processos xerográficos, incluindo ainda o uso da internet, sem a permissão expressa da Madras Editora, na pessoa de seu editor (Lei nº 9.610, de 19.2.98).

Todos os direitos desta edição, em língua portuguesa, reservados pela

MADRAS EDITORA LTDA.
Rua Paulo Gonçalves, 88 – Santana
CEP: 02403-020 – São Paulo/SP
Caixa Postal: 12183 – CEP: 02013-970
Tel.: (11) 2281-5555 – Fax: (11) 2959-3090
www.madras.com.br

Impressão e acabamento: Yangraf Gráfica e Editora

ÍNDICE

Parte Um
APRESENTANDO A MAÇONARIA ... 6
Ideias e Ideais 8
Origens e Alegorias 13

Parte Dois
LENDA E HISTÓRIA 18
Os Cavaleiros Templários 20
Lenda e Ritual 25
A Lenda de Hiram 30
Lendas Clássicas 34
O Renascimento 39
Ciência e Alquimia 44
Iluminismo 49
Ritual Maçônico 54
O Passado no Presente 58

Parte Três
ARQUITETURA MAÇÔNICA 62
Arquitetura 64
O Templo de Salomão 68
Influências Egípcias 72
Arquitetura Clássica 76
Edifícios Maçônicos 80
O Interior da Loja 84
Jardins 88

Parte Quatro
SINAIS E SÍMBOLOS 92
Os Instrumentos de Trabalho ... 94
O Templo Simbólico 98
A Grande Pirâmide 102
As Colunas de Salomão 105
O Olho que Tudo Vê 109
O Sol e a Estrela Flamejante .. 113
A Lua 117
Os Globos 120
O Pavimento Mosaico 123
Escadas e Escadas de Mão 127
O Esquife e o Crânio 132
Espadas e Punhais 135
Formas Geométricas 139
Cidades Simbólicas 143
Livro, Abelhas e Colmeia 146
Vida, Tempo e Justiça 150
Trigo e Plantas 154
As Joias 158
O Pentagrama 162
O Avental 166
Os Painéis 170

Glossário 174
Bibliografia 182
Índice Remissivo 185

Parte Um

APRESENTANDO A MAÇONARIA

A Maçonaria é a maior e mais antiga organização fraternal no mundo. Em resumo, é uma sociedade universal de amigos que buscam se tornar pessoas melhores por meio de sua associação uns com os outros. Seus lemas são companheirismo, integridade e boa cidadania. No entanto, suas origens são obscuras. Alguns dizem que a Maçonaria se originou com os mestres maçons que criaram as grandes igrejas e catedrais da Europa medieval; outros afirmam que seu nascimento estava ligado aos Cavaleiros Templários, uma ordem militar e religiosa de cavaleiros guerreiros que se tornaram importantes na época das Cruzadas.

Outros dizem que as origens da Maçonaria podem ser traçadas muito além disso – ao tempo do Rei Salomão e da construção do seu grande templo em Jerusalém, senão antes.

DIREITA Um entalhe do século XV mostrando a história da construção da Torre de Babel no Velho Testamento. Acreditava-se que o empreendimento tenha sido planejado por maçons.

Ideias e Ideais

A Maçonaria não é uma religião, embora muitas ideias e ideais cristãos sejam importantes para os maçons. É o que os maçons chamam de uma ordem fraternal, cujos princípios básicos são o amor fraternal e assistência. O amor fraternal exige que os maçons sejam tolerantes, respeitosos, gentis e compreensíveis. A assistência se refere à prática ativa da caridade e ao compromisso com outras formas de filantropia, e a verdade. Um requisito essencial que todos os maçons devem compartilhar é a crença em um único Ser Supremo. Portanto, o ingresso na Ordem está aberto a pessoas de qualquer raça ou religião, que preencham esse requisito e que tenham "bom caráter e reputação".

Ser um maçom significa acreditar que há uma inteligência divina que governa o funcionamento do Universo. A Maçonaria não possui doutrinas ou dogmas em si, ou quaisquer afiliações políticas ou religiosas. Em vez disso, é um sistema de moralidade, velado excessivamente em alegorias e ilustrado por símbolos, com implicações para uma forma de viver que leva ao autodesenvolvimento por meio dos serviços prestados ao mundo. O argumento maçônico é que esses são os meios infalíveis pelos quais a moral e as verdades éticas podem ser ensinadas. É compatível com várias visões mundiais e religiosas e tradições filosóficas, sem estar limitada a qualquer uma delas.

O desenvolvimento do ritual maçônico

Grande parte do ritual que envolve a Maçonaria se desenvolveu com o passar dos séculos. Para o não iniciado, muitos dos rituais parecem ter vindo de tradições obscuras. É evidente, por exemplo, que a Maçonaria se baseia demasiadamente em noções compiladas dos costumes e práticas dos pedreiros medievais. Não restam dúvidas de que foi dos pedreiros que o Esquadro e o Compasso – dois de todos

ABAIXO Os valores da Maçonaria personificados em uma litografia francesa. Ela simboliza que a crença no autodesenvolvimento constrói o caminho para o esclarecimento.

ACIMA Deus Todo-Poderoso, conforme mostrado na Catedral da Assunção, Moscou. Crença na existência de um Ser Superior de qualquer fé está no coração da Maçonaria.

MAÇONARIA E A IGREJA

Os ideais maçônicos de honestidade, tolerância e nobreza da alma humana estão completamente de acordo com os princípios do Cristianismo e outras religiões mundiais. No entanto, isto não impediu que a Maçonaria fosse atacada por associações religiosas – particularmente pela Igreja Católica Romana, que a condenou como sendo fundamentalmente irreligiosa.

ACIMA Nesta ilustração, a Verdade usa seu espelho para iluminar o Freemason's Hall, Londres. Imagens também presentes simbolizam fé, esperança e caridade.

os símbolos maçônicos mais conhecidos – se originaram. Juntamente com a Bíblia, eles constituem as três Grandes Luzes da Maçonaria em países cristãos. Em outros lugares, a versão apropriada do Livro da Lei substitui a Bíblia.

Discutivelmente, o mais importante dos diversos significados do Esquadro – com suas pernas imóveis em um ângulo de 90 graus – é que ele representa a matéria. O Compasso, que possui pernas móveis ajustáveis, representa a consciência ou espírito. Ambos são mostrados regularmente em combinação, sugerindo que a matéria e a consciência são realidades interdependentes.

DA MITOLOGIA À PRÁTICA

A Maçonaria se baseia na criação de uma mitologia central de total abrangência. Essa mitologia se caracteriza enfaticamente pela construção do Templo do Rei Salomão em Jerusalém como seu tema essencial. Alguns maçons vão além desta visão, sugerindo que a Maçonaria possui ligações simbólicas altamente importantes com outras ordens iniciáticas parecidas em toda a história humana – e se considera a forma moderna principal dos Antigos Mistérios.

Na prática, a Maçonaria opera em vários níveis – fato reconhecido nos diversos Graus pelos quais os membros de uma Loja devem passar, conforme progridem no conhecimento maçônico. A verdade mais importante é que, quando você se torna maçom, se compromete a explorar um plano único para viver. Sob a orientação daquilo que a Maçonaria pode oferecer, você irá por fim atingir o portal que marca o início da grande jornada no caminho do autoconhecimento. Ao seguir esse caminho até sua conclusão lógica, você obterá um conhecimento revelador de sua natureza interna e compreenderá a maneira com a qual você se une harmoniosamente com todas as outras formas de vida no planeta.

Origens e Alegorias

Alguns maçons alegaram que a instituição tem suas origens, assim como outras tradições místicas, há muito tempo no Egito Antigo e na Israel Bíblica. Mas a maioria dos pesquisadores maçônicos na atualidade concorda que não há nenhuma evidência concreta para essas ligações. Eles acreditam que a Maçonaria, em sua forma original, evoluiu a partir das guildas de construtores medievais, ou que surgiu como resultado de uma dispersão de conhecimento após a supressão da ordem militar quase religiosa conhecida como os Cavaleiros Templários. Seja qual for a verdade, a Maçonaria claramente extrai seus ritos e rituais de várias fontes — algumas mais esotéricas que outras.

ABAIXO O sacrifício dos israelitas no local que viria a ser Jerusalém, onde o Templo do Rei Salomão foi construído. O tabernáculo, guardando a Arca da Aliança, está representado ao fundo.

Parece extremamente improvável que as origens verdadeiras da Maçonaria um dia serão descobertas. A maioria dos maçons* acredita que a história moderna do movimento começou com os pedreiros, construtores das mais grandiosas catedrais da Europa. Os maçons membros eram artífices, que se uniram para praticar o que os maçons hoje chamam de "a arte operativa" da Maçonaria. Eles eram uma classe de elite que podia viajar livremente entre diferentes países – diferentemente dos servos, cujos movimentos eram cuidadosamente controlados e atentamente restritos. Por isso, o termo "maçom livre" foi criado.

ACIMA Maçons são vistos movendo pedras nesta ilustração do século XVI. As pedras, brutas ou polidas**, como essas pedras são chamadas na Maçonaria, têm um papel simbólico principal a exercer no ritual maçônico.

---

*N.T.: O termo maçom aparecerá traduzido como pedreiro, maçom ou construtor.

**N.T.: Em inglês, *Ashlar*; o termo pode ser traduzido como pedra de cantaria ou silhar. Geralmente se apresenta em inglês como *rough* ou *perfect Ashlar*; na Maçonaria no Brasil os termos são usados como Pedra Bruta e Pedra Polida (ou Cúbica).

Passagem do conhecimento

As guildas dos maçons tinham outras duas funções importantes. Assim como organizações similares da época, elas tinham responsabilidades adicionais específicas – a introdução de novos profissionais capazes como aprendizes e a preservação dos segredos do seu negócio. Pelo fato de o mundo medieval estar submerso em religião, instrução espiritual e ética eram uma parte essencial do treinamento dos aprendizes, dando origem às lições que são incorporadas aos Graus maçônicos.

As diversas senhas e toques secretos que formam uma parte integral do ritual maçônico provavelmente surgiram da insistência dos maçons livres sobre o sigilo. Originalmente, essas senhas e formas secretas de reconhecimento provavelmente visavam ajudar os maçons operativos verdadeiros a conseguir trabalho ou outras formas de auxílio quando estavam em movimento, indo de uma Loja para outra.

Os instrumentos da Maçonaria Operativa – prumo, esquadro, compasso, nível, cinzel, malhete, trolha e régua – também tiveram um papel importante. Na Maçonaria, eles receberam significados simbólicos relevantes, sendo exemplos de várias virtudes morais e éticas.

A importância da alegoria

Alegorias tiradas da construção exercem um papel importante nos ritos e rituais da Maçonaria. Conforme os maçons iniciados passam por várias cerimônias, por exemplo, eles aprendem que, na construção do Templo do Rei Salomão em Jerusalém, os maçons que trabalhavam no grande projeto eram divididos em duas classes – Aprendizes e Companheiros – que eram dirigidos por três Grão-Mestres, sendo um deles o próprio Salomão. Os outros eram Hirão, Rei de Tiro, e Hiram Abiff, o arquiteto do templo. Os Grão-Mestres eram os guardiões dos segredos supremos do que os maçons chamam de a Grande Arte. A implicação é que a Maçonaria já estava instituída na época

ACIMA O maçom à esquerda da coluna nesta representação francesa do século XIV está segurando um esquadro e um compasso. Ambos são instrumentos de trabalho importantes na Maçonaria.

do Rei Salomão e permaneceu imutável desde então. A realidade é que os ritos e rituais associados à Maçonaria não são baseados de forma alguma em fatos históricos. Em vez disso, eles são alegorias dramáticas, por meio das quais princípios e doutrinas importantes da Maçonaria são passados de uma geração para outra.

JURAMENTOS MAÇÔNICOS

Para um não iniciado, os juramentos aparentemente terríveis que os maçons têm de fazer para proteger seus segredos são, na melhor das hipóteses, desmotivadores, ou, na pior delas, hereges. Isso, na verdade, não é o caso. As obrigações presentes nesses juramentos – especialmente aquelas apresentadas nas cerimônias de admissão aos Três Graus – sempre tiveram um caráter estritamente alegórico. Na realidade, as únicas punições que podem ser impostas a um maçom por seus Irmãos são repreensão, suspensão ou expulsão.

Parte Dois

LENDA E HISTÓRIA

As tradições na Maçonaria são uma mistura eclética de lenda mística e fato histórico. Isto é parcialmente o resultado de uma mudança profunda no caráter da Maçonaria, que surgiu no século XVIII, durante o período da história conhecido como Iluminismo, quando as Lojas começaram a aceitar membros que não eram maçons de ofício. Entre vários deles estavam Wolfgang Amadeus Mozart, Johann Wolfgang von Goethe, Frederico, o Grande, e George Washington. Em consequência disto, muitas Lojas agora se intitulavam de "especulativas" no lugar de "operativas", trabalhando em ideias e na formulação de ideais, em vez de trabalhar em pedra. Esses são os ideais que hoje governam a Maçonaria.

ABAIXO Uma ilustração do século XVIII mostrando maçons. Na parede estão placas para as Lojas que haviam sido abertas desde que a Grande Loja foi fundada em Londres, em 1717, quando quatro Lojas se uniram. Até 1750, já havia centenas de Lojas na Inglaterra.

Os Cavaleiros Templários

Desde a criação da primeira Grande Loja da Maçonaria Moderna, em 1717, há especulações sobre as raízes históricas da Maçonaria. As teorias são diversas, porém a mais intrigante delas diz que a Maçonaria começou na Escócia no começo do século XIV e sua fundação ocorreu por causa dos sobreviventes dos Cavaleiros Templários, que fugiram da França para lá após a supressão de sua Ordem. Naquele país, para se protegerem de ser descobertos e perseguidos, eles adotaram o título de Maçons Livres e desta forma garantiram sua sobrevivência, embora com outro nome.

ESQUERDA Uma impressão do século XIX dos túmulos dos Cavaleiros Templários. A Ordem foi uma potência significativa na Europa medieval. De acordo com a tradição maçônica, alguns cavaleiros podem ter fugido para a Escócia, onde eles ajudaram a fundar a Maçonaria escocesa.

Os Cavaleiros Templários foram uma ordem militar monástica criada no fim da Primeira Cruzada (1095-1099) com a ordem de proteger os peregrinos cristãos em sua jornada à Terra Santa. Suas origens foram bem humildes; eles contavam com a caridade dos viajantes peregrinos para sua sobrevivência. No entanto, em dois séculos, eles haviam se tornado ricos e poderosos o suficiente para desafiar todos, menos o papa em Roma – na verdade, o Papa Inocêncio II (pontificado de 1130-1143) especificamente os liberou da obrigação de obediência a qualquer potência secular.

ESQUERDA
Acredita-se que a Capela de Rosslyn, Escócia, teve como modelo o Templo de Herodes, e dizem que os Cavaleiros Templários ajudaram em sua construção.

ACIMA
A Coluna do Aprendiz na Capela de Rosslyn foi supostamente a obra de um aprendiz de Mestre Maçom. Ele foi morto pelo seu mestre em um acesso de raiva invejosa pela perfeição da construção.

Foi o seu poder – e a enorme riqueza que eles haviam acumulado, em grande parte por meio dos empréstimos feitos a reis – que causou a ruína dos Cavaleiros Templários. Em 1307, após ter garantido o apoio do papa Clemente V, Felipe IV, da França, ordenou a prisão de todos os Templários conhecidos sob acusações de heresia (suas reuniões e rituais secretos ofereceram ao rei a desculpa perfeita). Sete anos mais tarde, tempo no qual toda a Ordem havia sido dissolvida, Jacques de Molay, o último Grão-Mestre, foi queimado na fogueira. Os sobreviventes foram dispersos, e seu poder aparentemente destruído para sempre.

DA HISTÓRIA À ESPECULAÇÃO

Até aqui isto é história. O que se seguiu – especialmente a afirmação de que os sobreviventes Templários foram a força por trás da fundação da Maçonaria – é especulação que não pode ser verificada. Há outros fatores, no entanto, que parecem sustentar a noção de algum Grau de envolvimento templário.

Embora seja amplamente aceito que a Maçonaria realmente se originou na Escócia medieval, a razão para este fato ainda é incerta. A Escócia tinha apenas poucas Lojas de maçons, enquanto na Europa continental havia muitas. Seria razoável sugerir que a Maçonaria teria se originado na Europa, mas sabemos que isto não ocorreu. Há mais evidências que sustentam a ligação com a Escócia – a conexão entre Templários e maçons na Capela de Rosslyn, algumas milhas ao sul de Edimburgo. *Sir* William St. Clair construiu a capela em 1440 para abrigar artefatos originalmente trazidos para a Escócia por Cavaleiros Templários em 1126.

A CONEXÃO ROSSLYN

As esculturas únicas em pedra da Capela de Rosslyn a tornam importante na história da Maçonaria escocesa. Uma das esculturas mostra o Mestre Maçom da capela, que dizem que, em um ato lembrando o assassinato de Hiram Abiff (o arquiteto do Templo do Rei Salomão), matou seu aprendiz em um acesso de raiva invejosa, após a criação deste último da então chamada Coluna do Aprendiz. Essa coluna é uma representação da Árvore Nórdica do Conhecimento, cuja equivalente cristã é a Árvore da Vida.

Alguns sugerem que a capela foi construída como uma réplica do Templo de Herodes em Jerusalém, que os Templários haviam escavado durante seu período na Terra Santa. Ainda mais importante, a capela possui uma escultura única, que alguns estudiosos estão certos de que descreve a iniciação de um maçom por uma figura vestindo um manto de Cavaleiro Templário.

Infelizmente, o que falta é uma prova histórica irrefutável. Embora a ligação seja debatida por muitos estudiosos, é inteiramente possível que Templários fugitivos foram aceitos nas fraternidades dos maçons escoceses.

ACIMA Uma insígnia maçônica escocesa de data não identificada celebra a suposta conexão entre o início da Maçonaria e os Cavaleiros Templários. A crença é de que os Templários refugiados ingressaram em Lojas Operativas escocesas.

LENDA E RITUAL

PARA OS MAÇONS, LENDAS SÃO EXTREMAMENTE IMPORTANTES, ESPECIALMENTE QUANDO SE TRATA DA PRÁTICA DOS RITOS, RITUAIS E MISTÉRIOS DA ARTE. O TEMPLO DO REI SALOMÃO É IMPORTANTE, PORQUE OS MAÇONS O VEEM COMO UM EXEMPLO PERFEITO DA ARQUITETURA DIVINA. ALGUNS TAMBÉM ALEGAM LIGAÇÕES COM O ANTIGO EGITO. HÁ SEMELHANÇAS CLARAS ENTRE A LENDA DE HIRAM ABIFF, QUE É OUTRA CARACTERÍSTICA CENTRAL NO RITUAL MAÇÔNICO, E A LENDA MUITO MAIS ANTIGA DE ÍSIS E OSÍRIS. LENDAS GREGAS, TAMBÉM, TÊM SEU PAPEL, NÃO DE FORMA SURPREENDENTE, UMA VEZ QUE A MATEMÁTICA, E MAIS ESPECIFICAMENTE A GEOMETRIA, É OUTRO TEMA MAÇÔNICO ESSENCIAL.

ACIMA Um Avental vestido por um Mestre Maçom francês do século XVIII. Observe em particular as duas colunas, simbolizando Boaz e Jachin (conforme vistas da perspectiva do Templo), o próprio Templo e o conjunto de símbolos maçônicos em primeiro plano.

ESQUERDA Páginas dos manuscritos Regius (acima) e Cook (abaixo). Eles datam do fim do século XIV e começo do XV e, com outros documentos antigos, formam o que os maçons chamam de Antigas Obrigações.

A LENDA DAS COLUNAS

As colunas exercem um papel proeminente nas cerimônias maçônicas; as mais significantes delas são as duas colunas chamadas de Boaz e Jachin. De acordo com a lenda maçônica, as colunas originais foram erguidas na entrada do Templo do Rei Salomão, Boaz à esquerda do pórtico e Jachin à direita. Seu propósito, alegam, era fornecer legitimidade divina à dinastia governante; em hebraico, Jachin significa "porque Deus estabelecerá", enquanto Boaz é composta de duas palavras, "bo" significando "n'Ele" e "az" significando força. As colunas são, portanto, uma evidência ao poder e a força de Deus.

As colunas foram forjadas em bronze. É provável que elas tivessem 3 metros/10 pés. Eram ocas – embora a teoria de que elas eram usadas para abrigar arquivos secretos tenha sido há muito tempo desconsiderada – e adornadas com capitéis em forma de grandes fruteiras, cada um com 2 metros/7 pés de profundidade.

As fruteiras foram ornamentalmente rodeadas por duas fileiras de romãs, enquanto lírios também estão presentes. Ambos têm seus próprios significados na Maçonaria – as romãs simbolizam abundância, enquanto o lírio significa a necessidade de modéstia e retidão. A importância de Boaz na Maçonaria é revelada durante os ritos de iniciação no Primeiro Grau; a de Jachin durante os rituais que marcam a passagem do Primeiro ao Segundo Grau.

AS ANTIGAS OBRIGAÇÕES*

Os manuscritos e outros documentos coletivamente conhecidos como as Antigas Obrigações também são uma característica importante das tradições lendárias da Maçonaria. Os maçons consideram o conhecimento dos conteúdos desses documentos como essenciais para uma compreensão da prática e lei constitucional maçônica.

Todas as Antigas Obrigações se originaram na Inglaterra. Os mais antigos – o Manuscrito Regius e o Manuscrito Cook – datam de cerca de 1390 e 1420, respectivamente. É provável que o

---

*N.T.: O termo em inglês *Old Charges* também é usado em trabalhos de estudos maçônicos.

Manuscrito Cook seja o mais autêntico, uma vez que evidência interna sugere que um maçom praticante o escreveu. Grande parte dos documentos data do fim do século XVI ao começo do XVIII, começando com o Manuscrito da Grande Loja nº 1, de dezembro

ACIMA Um trecho do "Manuscrito William Watson". Este pode ser outro documento maçônico importante, mas historiadores examinam a autenticidade de registros posteriores da Maçonaria. Acredita-se que este manuscrito seja datado de cerca de 1687.

de 1583. Historiadores examinaram a autenticidade de documentos posteriores, geralmente considerados como curiosidades de antiquário. O Manuscrito Regius está em verso, os outros em prosa; com exceção dessa diferença, todos possuem mais ou menos um padrão idêntico. Eles começam com uma oração de abertura, seguida por uma história detalhada da Maçonaria, traçando suas origens para a época antes do Dilúvio e mapeando seu crescimento e difusão, com o passar do tempo, até seu estabelecimento na Inglaterra no período dos saxões. Após isto há um código de regulamentos para Mestres Maçons, Companheiros Maçons e Aprendizes, abrangendo morais e práticas da arte, ajustes para assembleias em larga escala, procedimentos para o julgamento e punição de transgressores e procedimentos de admissão para "novos homens que jamais foram acusados anteriormente", incluindo um juramento de lealdade.

A LENDA DE ENOQUE

Como, quando, por que e onde a Maçonaria se originou é uma lenda por mérito próprio. Ela pode ser traçada voltando ao tempo de Enoque, o sétimo dos patriarcas hebreus do Antigo Testamento e o bisavô de Noé. Dizem que ele iniciou e promoveu uma Arte na qual as verdades eternas da Maçonaria foram reveladas por meio de emblemas, símbolos, místicas e mistérios.

A Lenda de Hiram

A lenda de Hiram Abiff, o Mestre Arquiteto do Templo do Rei Salomão, é uma das alegorias mais importantes na Maçonaria. Seu assassinato nas mãos de três dos seus artífices subordinados, por se recusar a revelar os segredos da Maçonaria de Mestre, e seu renascimento, descrito com sua ascensão de "um nível morto" a "um prumo vivo", são partes essenciais do ritual que marca o progresso de um maçom do Segundo para o Terceiro Grau.

ESQUERDA
Uma representação da morte de Hiram Abiff, o mestre arquiteto do Rei Salomão, assassinado por seus subalternos por se recusar a divulgar o mais oculto dos segredos maçônicos.

DIREITA Uma espada cerimonial de um tipo usado na iniciação de um Mestre Maçom. É ornamentalmente detalhada com emblemas simbólicos por quase toda a lâmina.

A história é esta. Todo dia ao meio-dia – o Sol no Zênite, em linguajar maçônico – Hiram Abiff entrava no templo para rezar. Três dos seus artífices subordinados, que aspiravam a se tornar Mestres Maçons, esperaram por ele um dia, enquanto ele saía. Seu plano era forçá-lo a revelar as palavras secretas de reconhecimento. Com a recusa de Abiff, cada um deles atacou-o. Finalmente, ele caiu ao chão, morto. Os assassinos enterraram sua vítima, mas um grupo de busca conduzido pelo próprio Salomão encontrou a sepultura. Então, após os Aprendizes e Companheiros terem falhado em ressuscitar seu mestre, Salomão, um Mestre Maçom, o levantou com o "forte aperto da pata de um leão".

A lenda se tornou parte da Maçonaria entre 1723 e 1738. Ela claramente não é histórica – é um drama ritualístico, que na verdade é encenado na Loja durante o processo de iniciação no Terceiro Grau, no qual o candidato representa o papel de Hiram Abiff. Por meio de sua participação no ritual, os candidatos aprendem como a alma pode se elevar acima de seus inimigos internos – ignorância, luxúria, paixão e pecado – para que eles possam se tornar mestres deles mesmos e dos seus destinos.

ABAIXO Encenar o assassinato de Hiram Abiff é essencial nos rituais que regem a admissão ao Terceiro Grau.

NA PARTE INFERIOR O candidato é erguido após uma morte simbólica, em que seu rosto está coberto e espadas apontam para o seu corpo.

Os Mistérios

De acordo com o grande estudioso maçônico Albert Mackey, a lenda de Hiram Abiff foi emprestada daquilo que os estudiosos chamam de Antigos Mistérios do Egito, da Mesopotâmia e da Roma antigos. Isto é descrito no *Manual da Loja* do Dr. Albert G. Mackey, no qual ele argumenta que não há evidência bíblica de que essa personagem tenha jamais existido e que tenha morrido desta forma. Em vez de ser parte de qualquer tradição bíblica, Abiff é a representação dos deuses Osíris, Baal e Baco.

Esta não é, de forma alguma, a única suposta ligação com os Antigos Mistérios. Argumenta-se que o Compasso e o Esquadro, por exemplo, representam divindades solares pagãs, enquanto, como os templos solares do Oriente Médio, os templos maçônicos são construídos em um eixo oriente-ocidente. Indo um pouquinho além no tempo, escritores maçônicos alegaram identificar muitas semelhanças entre a Maçonaria e o Mitraísmo, o culto ao deus persa Mitra que posteriormente se espalhou de sua terra natal para o próprio Império Romano.

A existência de ligações diretas ou enigmáticas entre a Maçonaria e os Antigos Mistérios é debatida por muitos maçons nos dias de hoje. Enquanto eles admitem que existem semelhanças entre sua fraternidade e os cultos de antigos mistérios – exatamente como a Maçonaria, o Mitraísmo caracterizava-se por ritos elaborados de iniciação para os seus diversos Graus sucessivos –, os maçons chamam atenção para o fato de que a maioria dessas semelhanças é superficial. Na maior parte, os maçons estão preocupados com os aspectos externos do rito ou organização, e não com o conteúdo mais profundo.

MITRAÍSMO E MAÇONARIA

Albert Pike, escritor maçônico do século XIX, declarou que a Maçonaria era "a herdeira moderna" dos Antigos Mistérios, e *sir* Samuel Dill descreveu o Mitraísmo como "uma Maçonaria sagrada". Há certamente semelhanças. Assim como a Maçonaria, o Mitraísmo era dividido em Graus, tendo cada um deles suas próprias cerimônias simbólicas para marcar a iniciação. Como na Maçonaria, a prática da caridade era importante, e assim como os maçons, os mitraístas se cumprimentavam com a palavra "irmão".

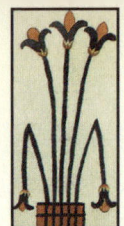

Lendas Clássicas

O Egito sempre foi considerado o berço dos Mistérios. Foi aí que as cerimônias de iniciação foram primeiramente estabelecidas, a verdade foi versada pela primeira vez em alegoria e os dogmas da religião foram inicialmente transmitidos em formatos simbólicos. Alguns acreditam que a lenda de Hiram Abiff é baseada no suposto destino do deus egípcio Osíris. Toth, o antigo deus egípcio da sabedoria, exerceu um papel fundamental na preservação do conhecimento da arte dos maçons e na transmissão dele para as gerações futuras. A Grécia também foi associada ao simbolismo – por meio dos antigos mistérios de Elêusis e personalidades gregas como Pitágoras.

ACIMA Os túmulos dos reis nos arredores de Tebas, demonstrando o quanto os hieróglifos eram importantes no Egito antigo. A Maçonaria tomou emprestadas essas tradições.

ESQUERDA De acordo com alguns estudiosos maçônicos, Ísis, deusa egípcia da fertilidade, e seu marido Osíris, estão ligados às origens da Maçonaria.

Aprendendo com os egípcios

Muito da arquitetura e vestimenta maçônicas – especialmente o Avental maçônico – tem, sem dúvidas, precedentes egípcios. Infelizmente, nenhuma pesquisa até hoje foi capaz de estabelecer qualquer ligação causal entre os dois. Sabemos, no entanto, que no Egito antigo os arquitetos e artífices que trabalhavam nos projetos monumentais de construção dessa civilização, como as pirâmides, receberam uma condição especial na sociedade contemporânea. Além disso, eles se organizavam em guildas. Prova disto vem de registros em papiros, um dos quais descreve uma guilda que realizava reuniões secretas por volta de 2000 a.C. Seus membros se reuniam para discutir as condições de trabalho, salários e regras para o trabalho diário. Eles também forneciam ajuda caritativa às

ESQUERDA A Esfinge e a Grande Pirâmide foram construídas por artífices habilidosos que podem ter sido proto-maçons.

ABAIXO O labirinto construído por Dédalo para o Rei Minos de Creta. Alguns maçons acreditam que Dédalo foi um antigo proponente da Arte.

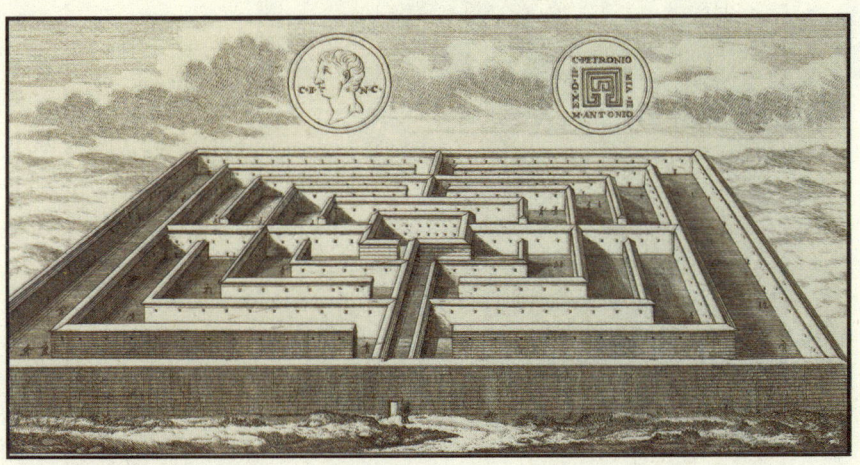

viúvas e órfãos de trabalhadores e a operários em dificuldades. Os paralelos entre os tipos de deveres organizacionais descritos no papiro e aqueles de um Vigilante ou Venerável em uma Loja maçônica são muitos. No entanto, isto pode ser apenas coincidência e é improvável que alguém um dia conseguirá estabelecer a verdade.

Aprendendo com os gregos

Assim como eles olharam para o Egito antigo, alguns maçons historicamente pensaram que a cultura e a civilização da Grécia antiga contribuíram para o desenvolvimento de ritos e ritual maçônicos. Os

ACIMA Na lenda grega, Dédalo e seu filho, Ícaro, fogem da Creta minoica. Ícaro pagou com sua vida quando ele ignorou o conselho de seu pai e voou muito próximo ao Sol. A cera que mantinha suas asas juntas derreteu e ele caiu dos céus.

antigos Mistérios de Elêusis – assim chamados porque eram celebrados em Elêusis, perto de Atenas – têm paralelos com a comemoração maçônica do martírio de Hiram Abiff, mas, de novo, isto provavelmente não é mais que coincidência.

Uma personalidade grega de grande importância, tradicionalmente associada à Maçonaria, é indubitavelmente Pitágoras, um grego jônico que provavelmente nasceu por volta de 570 a.C., na Ilha de Samos, e veio a se tornar um dos maiores matemáticos de todos os tempos. Ele fundou sua própria sociedade secreta, os Pitagóricos, entre os quais o pentagrama, ou estrela de cinco pontas, era um símbolo de saúde e conhecimento. O símbolo também foi associado com ritos de iniciação, assim como é na iconografia maçônica – geralmente presente em paramentos maçônicos, como nas joias usadas pelos Veneráveis das Lojas e Grão-Mestres das Grandes Lojas, e em ilustração decorativa. Uma razão para sua aparência talvez esteja no fato de que ela pode ser interpretada como uma representação da Proporção Áurea, cujo conhecimento é vital para todos os arquitetos e construtores.

Alguns maçons acreditam que outra figura grega está relacionada às origens da Maçonaria: o inventor e artífice Dédalo, que projetou o labirinto cretense para o rei Minos, para abrigar o lendário Minotauro. Dizem que Dédalo foi o inventor de várias ferramentas usadas em diversos Graus na Maçonaria – especialmente o prumo – enquanto Perdix, seu sobrinho, foi o suposto inventor do compasso, a terceira Grande Luz da Maçonaria.

OS MISTÉRIOS DE ELÊUSIS

De todos os mistérios celebrados nos tempos antigos, os de Elêusis eram considerados como os de maior importância. Eles eram basicamente cerimônias de iniciação para o culto de Deméter, a deusa grega da vida, agricultura e fertilidade, e Perséfone, sua filha. Os mistérios celebravam o reencontro de Perséfone com sua mãe depois que Hades, o deus do mundo subterrâneo, a havia raptado.

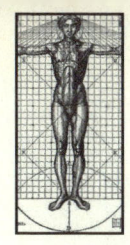

O Renascimento

Com a chegada do Renascimento, a sociedade europeia ocidental passou por uma série de mudanças radicais. Em cerca de 1450 foi fundada uma academia platônica em Florença – e em 1471 surgiu uma tradução do recém-descoberto *Corpus Hermeticum* grego. Ele se mostrou imensamente influente. A Maçonaria já havia reconhecido a importância do conhecimento antigo. Ela agora participava da na busca hermética por sabedorias perdidas.

ESQUERDA
James VI e I representado com sua esposa, Anne da Dinamarca. James foi um defensor constante da Maçonaria.

ACIMA Uma carta de *sir* William Schaw, Mestre de Obras, a James VI e I. Maçom, Schaw exerceu um papel essencial na organização e expansão da Maçonaria escocesa.

Como muitos outros pensadores, os maçons sonhavam com maior liberdade de pensamento, e reforma política e religiosa. Em virtude do clima da época, quando muitos governos e a Igreja Católica se opunham ferozmente a este pensamento radical, não é nada surpreendente que suas atividades agora fossem conduzidas em segredo.

A própria natureza da Maçonaria passou por uma transformação durante esse período turbulento. O impulso para isto veio da Escócia, onde, em 1583, o rei James VI e I nomeou *sir* William Schaw, um nobre escocês com grande interesse em arquitetura,

ACIMA Uma noção do século XVII da vestimenta de um astrólogo. Os primórdios da ciência moderna estavam intimamente ligados com os da Maçonaria Especulativa.

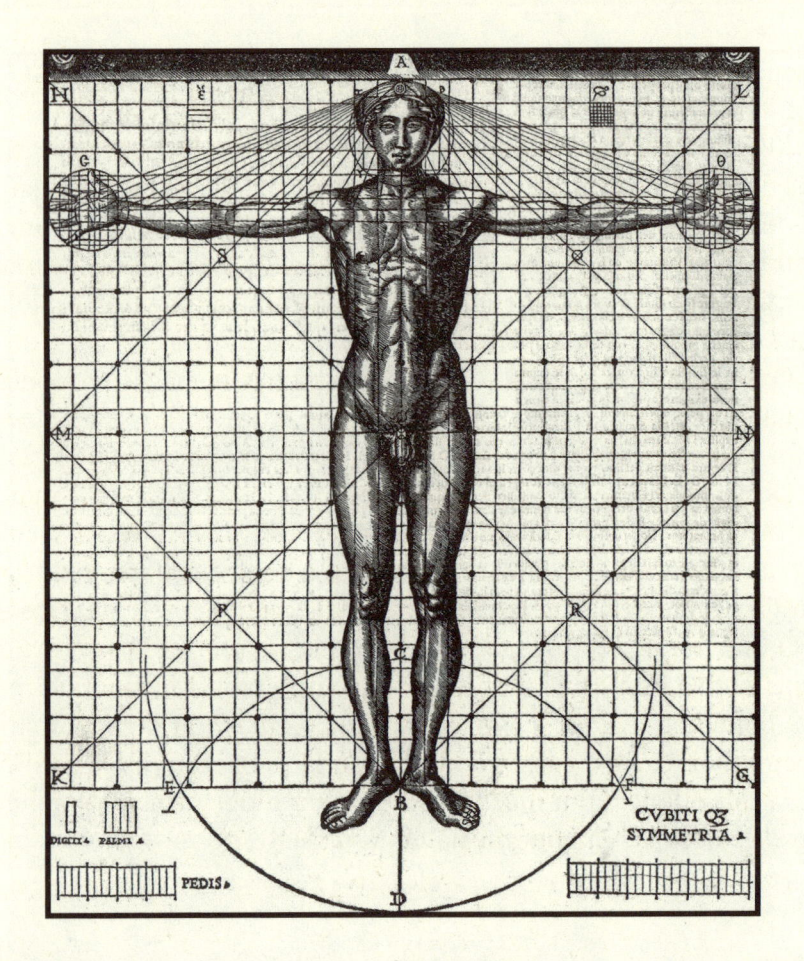

ACIMA A noção de proporções ideais se tornou um princípio maçônico importante.

como Mestre de Obras e Vigilante Geral. Em 1598, Schaw emitiu o primeiro dos célebres estatutos que estabeleceram os deveres que os maçons possuem com suas Lojas. O segundo estatuto, emitido em 1599, é o primeiro documento maçônico que havia sobrevivido a fazer uma referência velada à existência de conhecimento esotérico dentro da Arte. O novo espírito do Renascimento estava certamente causando impacto, permitindo a Schaw que revivesse e desenvolvesse a mitologia e os rituais maçônicos medievais. Na Escócia, parecia que a Maçonaria tinha suporte real. De acordo com William Preston em seu livro *Illustrations of Masonry* (1772), James se tornou "o patrono do erudito e o encorajador zeloso da Maçonaria".

Registros escoceses relatam que "ele honrava as Lojas com sua presença real" e que "ele estabeleceu uma receita anual de quatro libras escocesas a serem pagas por todo Mestre Maçom ao Grão-Mestre escolhido pela Grande Loja e aprovado pela Coroa". James foi também o primeiro rei conhecido a ser um maçom, sendo iniciado na *Lodge of Scots and Perth*, em 1601, aos 35 anos.

O mais antigo registro conhecido de uma iniciação maçônica em qualquer lugar é o de John Boswell, o Lorde* de Auchenleck, que foi iniciado na Loja de Edimburgo, em junho do ano anterior.

Deste modo, o cenário estava estabelecido para uma maior transformação da Maçonaria, que ganharia força durante o século XVII, embora não esteja claro exatamente como ou quando a transição da Maçonaria Operativa para a Maçonaria Intelectual ocorreu. O que nós sabemos, no entanto, é que, conforme o sistema de guildas começou a ruir, o que é conhecido como Maçonaria Operativa começou a se desenvolver no que é chamado de Maçonaria Especulativa. Com o passar do tempo, o lado operativo foi perdido em sua totalidade, com maçons sendo escolhidos principalmente a partir da nobreza e da burguesia em ascensão.

---

*N.T.: Do original em escocês *Laird*, título escocês que significa grande proprietário de terras.

Ciência e Alquimia

O século XVII foi uma época de grande reviravolta política e mudança social. Na Grã-Bretanha, Charles I foi decapitado; no continente europeu, uma guerra religiosa implacável foi travada durante 30 anos. A Maçonaria cresceu aceleradamente, intimamente ligada ao surgimento de uma nova geração de cientistas e sábios, que se associaram ao movimento, conforme ele se expandia. A Maçonaria entrou na moda, de tal forma que, conforme o século passava, os membros aceitos (o termo coletivo para maçons não operativos) se tornaram a maioria em muitas Lojas maçônicas.

Cientistas como Robert Boyle, Christopher Wren e Isaac Newton eram todos membros antigos da *Royal Society*, que havia iniciado sua história como uma instituição quase maçônica chamada de *Invisible College*. Nos primeiros anos, a *Royal Society* geralmente conduziu suas reuniões no *Compton Room* na Torre de Canonbury, no norte de Londres. O espaço é decorado com esculturas de significado maçônico. Elas foram

ABAIXO Astrônomos buscam nos céus por estrelas e planetas. Muitos da geração emergente de novos cientistas eram maçons.

ACIMA Um laboratório de alquimista. A busca pela Pedra Filosofal e pelo Elixir da Vida era parte de uma procura por conhecimento que se encaixava bem com os princípios maçônicos mais importantes.

comissionadas por Francis Bacon, maçom e um dos líderes fundadores do *Invisible College*. Um defensor do raciocínio indutivo, Bacon geralmente é descrito como "o pai da ciência moderna".

Nos seus primórdios, os trabalhos do *Invisible College* estavam envoltos em segredo, uma vez que era uma época de medo, controle do Estado e relativa intolerância. Galileu, um dos seus fundadores, foi condenado pela Igreja Católica por ousar sugerir que a Terra girava em torno do Sol. A segurança pessoal provavelmente exigia que debates sobre qualquer assunto de natureza esotérica, moral ou científica fossem conduzidos de forma secreta. Parece mais que provável que aqueles que buscavam uma maneira na qual pudessem discutir livremente o que o mundo externo pudesse considerar como ideias e crenças perigosas iriam procurar a Maçonaria. O que surgiu como um resultado foi uma nova forma Especulativa da Arte, que possuía apenas uma semelhança alegórica com as tradições Operativas mais antigas.

ESQUERDA Advogado e filósofo, *sir* Francis Bacon foi Lorde Chanceler de James VI e I e um líder no *Invisible College*. Este foi o precursor da *Royal Society*.

SIR FRANCIS BACON FOI MAÇOM?

Embora muitos tenham alegado que *sir* Francis Bacon foi maçom, não há evidência histórica concreta de que ele tenha sido formalmente iniciado na Fraternidade. O que se sabe é que ele encorajou ativamente o estabelecimento do *Mason's Hall*, em Londres, como o modelo para uma "Casa de Salomão" alegórica; a inspiração para isso veio do renomado tratado de Bacon, *The New Atlantis*.

Velhas crenças, nova ciência

Velhas crenças misturavam com novas, tanto na ciência quanto na Maçonaria. Elias Ashmole, que foi um dos primeiros empossados com registro na Maçonaria Inglesa, foi iniciado maçom em Warrington, Lancashire, em 1646. Ele foi membro fundador da *Royal Society* e permanece como um bom exemplo de como velhas crenças esotéricas e a nova ciência podem coexistir. Em 1652, Ashmole publicou sua obra *Theatrum Chemicum Britannicum*, uma compilação de todas as publicações sobre alquimia que haviam sido produzidas por autores ingleses, incluindo aquelas do Dr. John Dee, o grande sábio elisabetano e mágico renomado. Não devemos nos esquecer de que, nessa época, homens da ciência ainda acreditavam na possibilidade de transmutação de metais-base em ouro, na noção de um possível Elixir da Vida e em outras crenças esotéricas. O próprio Newton gastou um bom tempo tentando calcular a data do fim do mundo.

Para a Maçonaria, o ramo da ciência de maior interesse era sem dúvida a geometria. O conhecimento da geometria era uma parte essencial da tradição maçônica. Os maçons passaram a acreditar que esse conhecimento faria com que fosse possível reconhecer os princípios sobre os quais a natureza e a sociedade foram construídas.

ESQUERDA A alquimia, com seus conhecimentos esotéricos, lentamente se transmutou na química moderna. Os maçons eram interessados em todas as novas ciências, mais especialmente na geometria.

Iluminismo

O século XVIII marcou novos inícios para a Maçonaria. Quatro Lojas se uniram em 1717 para formar a Primeira Grande Loja, em Londres. Em 1731, a Grande Loja da Pensilvânia, a primeira Grande Loja a ser fundada no que viria a se tornar os Estados Unidos, obteve sua constituição; ao fim daquela década, havia Lojas na Bélgica, Rússia, Itália, Alemanha e Suíça. Cinco Lojas foram fundadas em Paris até 1742.

L'ACADEMIE DES SCIENCES ET DES BEAUX ARTS
DEDIÉE AU ROY.
Par son tres humble tres obeissant et tres fidèle Serviteur et sujet Seb. le Clerc.

ACIMA Uma ilustração do século XVII registra o progresso da humanidade nas ciências, incluindo as da geometria e arquitetura. Ambas são essenciais no pensamento maçônico.

O compositor Mozart (sentado à extrema esquerda) em uma cerimônia de iniciação vienense.

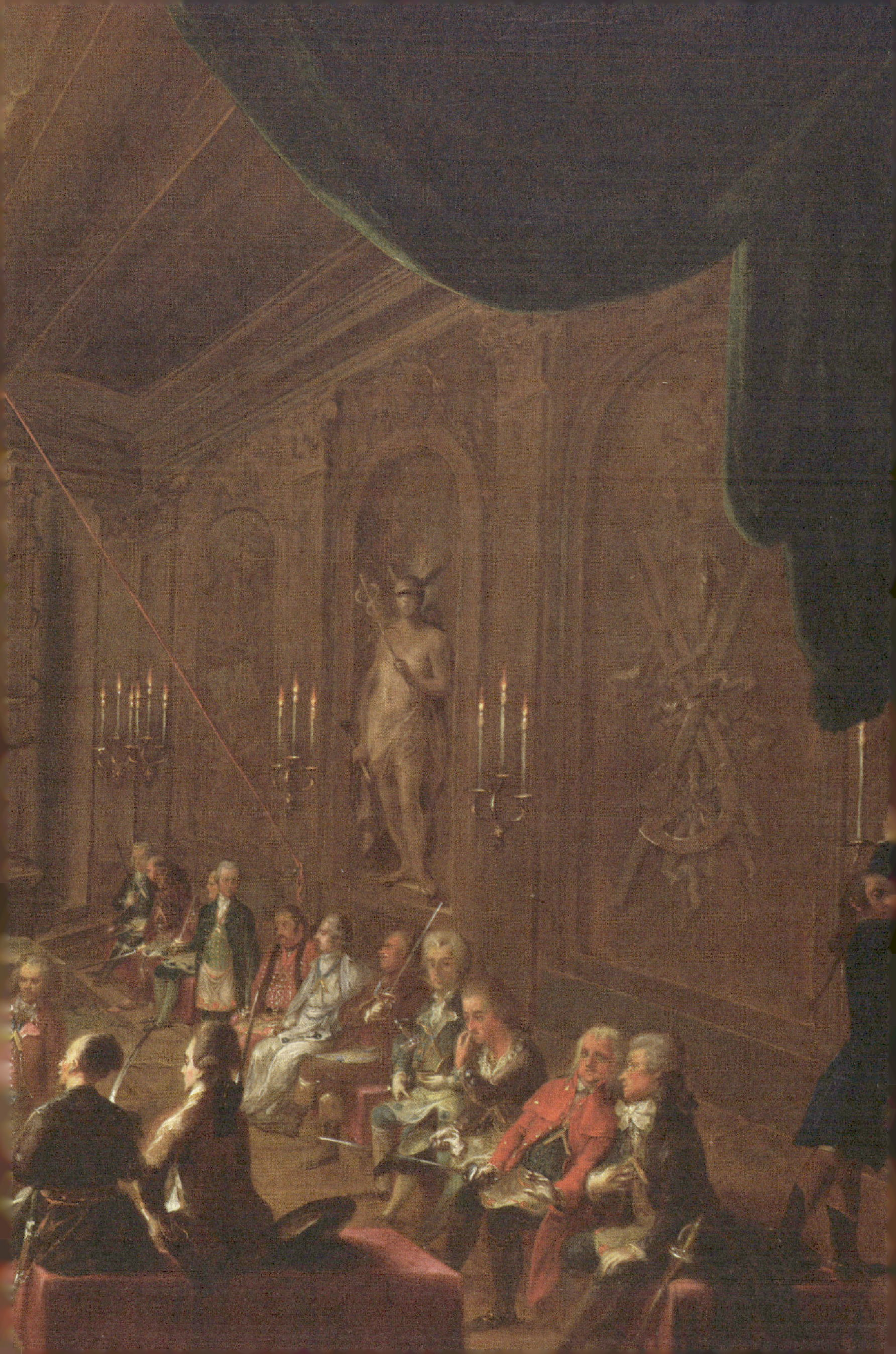

A Maçonaria defendia o racionalismo, deísmo e benevolência – três das mais importantes ideias e ideais do Iluminismo que estavam rapidamente ganhando proeminência. O que diferia era a maneira como esses ideais eram interpretados e aplicados. De acordo com a obra de Michael Baigent e Richard Leigh, *The Temple and the Lodge*, a Maçonaria na Inglaterra estava rapidamente se tornando um pilar do sistema social e cultural no início da década de 1730. Ela promovia um espírito de moderação, tolerância e flexibilidade, e frequentemente trabalhava lado a lado com a Igreja estabelecida. Muitos clérigos se tornaram maçons. No entanto, em 1751 houve uma grande cisão dentro da Maçonaria, quando aqueles chamados de Antigos romperam com os Modernos da Grande Loja existente. Os primeiros eram denominados desta forma, porque eles acreditavam que aderiram mais fielmente ao ritual, às palavras e aos costumes maçônicos tradicionais. Essa ruptura entre os Antigos e os Modernos somente foi sanada em 1813, quando a Grande Loja Unida da Inglaterra foi formada.

ESQUERDA George Washington, pai fundador dos Estados Unidos, foi maçom ativo durante a maior parte de sua vida.

Por outro lado, na Europa católica, a Maçonaria rapidamente foi identificada como militante anticlerical, como um antiestabelecimento e, por fim, com ideias revolucionárias. Na França, por exemplo, maçons conhecidos, como o Marquês de Lafayette, Georges Danton e Emmanuel-Joseph Sieyès, foram os principais impulsionadores da derrubada da monarquia Bourbon na Revolução de 1789. Esses líderes acreditavam que estavam agindo em total acordo com os ideais maçônicos.

A Revolução Americana

É provável que o primeiro nativo americano a se tornar maçom foi Jonathan Belcher, governador de Massachusetts, em 1703, e a Ordem logo cresceu em poder e influência. Os maçons exerceram um papel significativo nos eventos conduzindo a Declaração de Independência e a luta subsequente para libertar as colônias americanas do domínio britânico. William Bramley em *The Gods of Eden* alega que uma Loja maçônica – a Loja St. Andrew's em Boston – foi a principal impulsionadora no *Boston Tea Party* de 1773, por exemplo, enquanto Michael Baigent *et al.* em *The Messianic Legacy* alegam que a maioria dos homens responsáveis em criar os Estados Unidos "eram maçons convictos" e que "a nova nação foi concebida originalmente como a estrutura político hierárquica ideal postulada por certos ritos maçônicos".

O que se sabe como fato é que, dos cinco homens nomeados pelo Congresso Continental para redigir a Declaração de Independência, dois eram maçons, assim como 19 signatários da própria Declaração. Entre eles estavam George Washington, Benjamin Flanklin e John Hancock, o presidente do Congresso. Franklin era o Grão-Mestre Provincial da Filadélfia e visitou Lojas na Inglaterra, Escócia e França. Ele foi o editor das Constituições dos Maçons, que haviam sido elaboradas na década de 1720.

RITUAL MAÇÔNICO

FOI NA DÉCADA DE 1720, LOGO APÓS A FUNDAÇÃO DA PRIMEIRA GRANDE LOJA NA INGLATERRA, QUE O RITUAL DE INICIAÇÃO FOI FORMULADO EM UM SISTEMA BASEADO EM TRÊS GRAUS, OU NÍVEIS. NOS PRIMÓRDIOS DA MAÇONARIA, HAVIA APENAS DOIS GRAUS. AGORA UM TERCEIRO FOI ADICIONADO, SEGUIDO MAIS TARDE PELO GRAU DO REAL ARCO. NA MAÇONARIA AZUL, O PROCESSO TERMINA AÍ. NO ENTANTO, QUALQUER MESTRE MAÇOM (ALGUÉM QUE FOI INICIADO NO TERCEIRO GRAU) É ELEGÍVEL A INGRESSAR NO RITO DE YORK, QUE POSSUI NOVE GRAUS ADICIONAIS, OU RITO ESCOCÊS (ATÉ 32 GRAUS). UM MAÇOM 33 DO RITO ESCOCÊS É UMA POSIÇÃO HONORÍFICA.

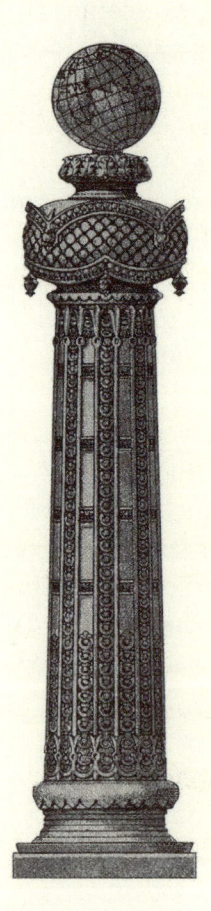

ESQUERDA Candidatos ao Primeiro e Segundo Graus da Maçonaria aprendem o significado das colunas Boaz e Jachin durante seus rituais respectivos de iniciação.

DIREITA Maçons se reúnem para iniciar um Aprendiz. Nesta imagem do século XVIII, o Venerável da Loja está questionando o candidato antes de revelar a ele os segredos do Primeiro Grau.

O Primeiro Grau

Dos Três Graus, o primeiro é do Aprendiz. A iniciação começa quando o candidato "encapuzado" (vendado) e especialmente vestido é trazido até a entrada da parte interna do templo, e um guarda bate na porta com o punho da espada. Após perguntas sobre sua elegibilidade e se seus motivos são "dignos", e uma oração curta, ele é conduzido três vezes em volta da sala de reunião, parando em cada volta para ser apresentado como "um pobre candidato em um estado de escuridão". Ele então é levado perante o pedestal do Venerável Mestre (o Venerável Mestre é o líder da Loja), onde é questionado: "Qual é o desejo predominante do seu coração?" A resposta – "Luz" – é sussurrada a ele e a venda é retirada. As Três Luzes – o Livro da

Lei (como a Bíblia), o Esquadro e o Compasso – são então reveladas, e, após isso, há uma explanação sobre os sinais, toques e palavras secretas do Primeiro Grau e o significado de Boaz, a coluna esquerda no Templo do Rei Salomão. A cerimônia termina com a entrega de um Avental maçônico ao candidato iniciado.

O Segundo e o Terceiro Graus

O Segundo Grau é o de Companheiro Maçom. O candidato é admitido ao templo exatamente como ele foi durante a iniciação no Primeiro Grau, após isso, ele tem de recitar respostas a um número de perguntas que ele memorizou. Entre outras coisas, elas o introduzem aos "mistérios ocultos da ciência e natureza", que agora ele deve estudar. Ele é novamente conduzido ao redor do templo, novos sinais e palavras são explicados, e ele aprende o significado de Jachin, a coluna direita do Templo de Salomão.

O Terceiro Grau – "o cimento do tudo" de acordo com o ritual – é o do Mestre Maçom. Após responder a mais perguntas de maneira satisfatória, o candidato entra no templo, que está em total escuridão. Depois de uma oração e uma cerimônia que lembra aquelas dos

ESQUERDA Pouco se sabe sobre a vida de Anthony Sayer, que foi eleito o primeiro Grão-Mestre da Grande Loja da Inglaterra, em 1717.

dois primeiros Graus, o Venerável Mestre e os outros maçons representam a história de Hiram Abiff, com o iniciado exercendo o papel de Hiram e os outros maçons o de seus assassinos. É o Venerável Mestre que por fim coloca o candidato em pé, após o que o iniciado ajoelha perante o altar e, com as mãos sobre as Três Luzes, presta o juramento de Mestre Maçom.

MONITORES MAÇÔNICOS

Para ajudar a entender os rituais, muitos maçons contam com pequenos livros chamados de Monitores, que explicam os significados de grande parte dos símbolos maçônicos e as partes importantes do próprio ritual.

ABAIXO Maçons do século XVIII iniciando um Mestre Maçom, o terceiro e mais alto dos Três Graus da Maçonaria. As velas acesas significam o fim próximo do ritual, quando o iniciado passa da escuridão para a luz.

O Passado no Presente

Em alguns aspectos, o século XIX foi um grande momento para a Maçonaria, embora ele tenha apresentado também as sementes de um declínio parcial. Na Europa, houve mais cisões no movimento, especialmente entre os maçons franceses e seus contemporâneos ingleses e americanos, de 1877 em diante. A razão principal para o rompimento foi a decisão da Grande Loja Francesa do Oriente de aceitar ateus como iniciados. O reconhecimento francês da Maçonaria de mulheres colocou mais lenha na fogueira, assim como a disposição da Maçonaria francesa em estar ativamente envolvida em grandes questões políticas e religiosas.

ABAIXO Iniciando uma mulher na Maçonaria na França na metade do século XIX. A introdução dessa prática levou a um rompimento entre a Maçonaria francesa e aquela praticada na Inglaterra e Escócia que jamais foi reparado.

Houve também o crescimento de um sentimento antimaçônico a levar em consideração. Nos Estados Unidos, isto começou durante a década de 1820 e ocasionou a fundação do *Anti-Masonic Party* (Partido Antimaçônico), em 1827. O partido até lançou seu próprio candidato a presidente contra Andrew Jackson, que por sua vez era um maçom. O crescimento desses sentimentos resultou em uma mudança no pensamento e orientação da Maçonaria. Em resposta à crítica política e religiosa, a Maçonaria Americana se voltou para dentro, enfatizando valores espirituais ao contrário de sua antiga exposição mais pública de ideias iluministas. A Loja se tornou um santuário para onde os homens podiam ir para encontrar consolo e inspiração.

Os sentimentos antimaçônicos não ficaram restritos aos Estados Unidos – na Europa católica eles eram tão fortes quanto, senão mais fortes. A Igreja Católica havia sido contra a Maçonaria desde 1738, quando o papa Clemente XII oficialmente a condenou. Em 1825, o papa Leão XII reiterou a condenação, enquanto, em 1884, o papa Leão XIII

ESQUERDA O Rei da Suécia iniciou Edward VII, da Inglaterra, como maçom em 1868 durante a visita deste último à Estocolmo. De acordo com um contemporâneo, Edward nunca perdeu "uma oportunidade para mostrar publicamente sua conexão com a Fraternidade maçônica".

DIREITA Um emblema maçônico celebrando a morte de um maçom conhecido, que estava "perto do trono, porém mais perto dos seus semelhantes".

convocou os católicos no mundo todo a "lutar pelo extermínio desta praga horrível".

O papado pode ter tido razões tanto práticas quanto espirituais para esta condenação global. Toda a campanha levando à unificação política da Itália – à qual os papas eram veementemente contra – pode ser descrita como essencialmente maçônica em inspiração. Aliás, dois dos membros líderes do *Risorgimento* – Giuseppe Mazzini e Giuseppe Garibaldi – eram maçons. Mazzini foi Past Grão-Mestre do Oriente da Itália.

Na França do fim do século XIX, a Maçonaria foi violentamente atacada pela direita religiosa; o auge foi o Caso Dreyfus da década de 1890, no qual Alfred Dreyfus, um oficial do exército francês de origem judaica, foi erroneamente acusado de vender segredos aos alemães. O Caso Dreyfus foi visto pelos partidários da direita pró-militar católica como uma conspiração de judeus e maçons, para causar danos ao prestígio do exército e da França.

Maçonaria e Totalitarismo

Com a ascensão das ditaduras totalitaristas no século XX, a Maçonaria enfrentou seu maior desafio. Em 1925, ela foi considerada ilegal na Itália fascista – os maçons foram acusados de envolvimento em uma conspiração para assassinar Benito Mussolini. Depois que

Adolf Hitler subiu ao poder na Alemanha em 1933, todas as Lojas maçônicas foram suprimidas, e muitos maçons foram mandados para campos de concentração. Estima-se que cerca de 200 mil maçons morreram no Holocausto.

A MAÇONARIA HOJE

Hoje há cerca de 6 milhões de maçons ativos no mundo todo, cerca de metade deles nos Estados Unidos, que é o verdadeiro centro de poder da Maçonaria moderna. A Arte sobrevive e continua a prosperar. Por mais de três séculos, ela inspirou milhões de pessoas em muitos países. Ela atraiu muitos iniciados famosos – de Winston Churchill e Franklin Delano Roosevelt a Edward VIII e Ronald Reagan. Desde que a Maçonaria permaneça atualizada com o passar dos tempos e explique de forma eficaz seu propósito positivo, parece haver poucas razões para duvidar de que ela vai continuar a prosperar.

ABAIXO Embora a presença nas reuniões da Loja não seja obrigatória, é considerada importante – por isso a frase repreensiva "Não Falte" ao pé deste convite do século XVIII.

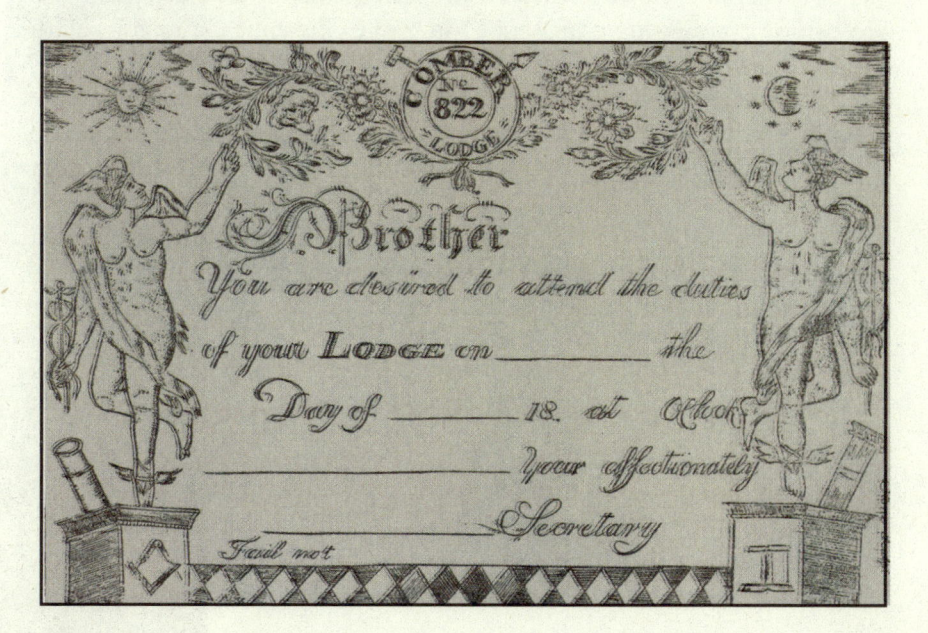

Parte Três

ARQUITETURA MAÇÔNICA

Todos os maçons acreditam em um Ser Supremo, tipicamente chamado de "O Grande Arquiteto do Universo". Por isso, não é uma surpresa que metáforas tiradas da arquitetura estejam muito presentes no simbolismo maçônico. Essas metáforas servem para ensinar regras morais básicas. Uma Pedra Cúbica, por exemplo, é uma pedra que foi desbastada, nivelada e polida, para ser assentada e usada na construção. No ritual maçônico, é um símbolo do estado de perfeição que pode ser obtido por meio da educação. Em contraste, uma Pedra Bruta, uma pedra não trabalhada, é um símbolo do estado natural de ignorância do homem. Em algumas Lojas, um aprendiz recém-iniciado é chamado a simbolicamente lascar um pedaço da Pedra Bruta, para indicar que seu aprendizado começou.

DIREITA A Catedral de Bourges é a maior das três grandes catedrais góticas francesas, construída entre o fim do século XII e o começo do XIII. Maçons operativos teriam se envolvido na construção desta e de outras catedrais, como Chartres e Amiens.

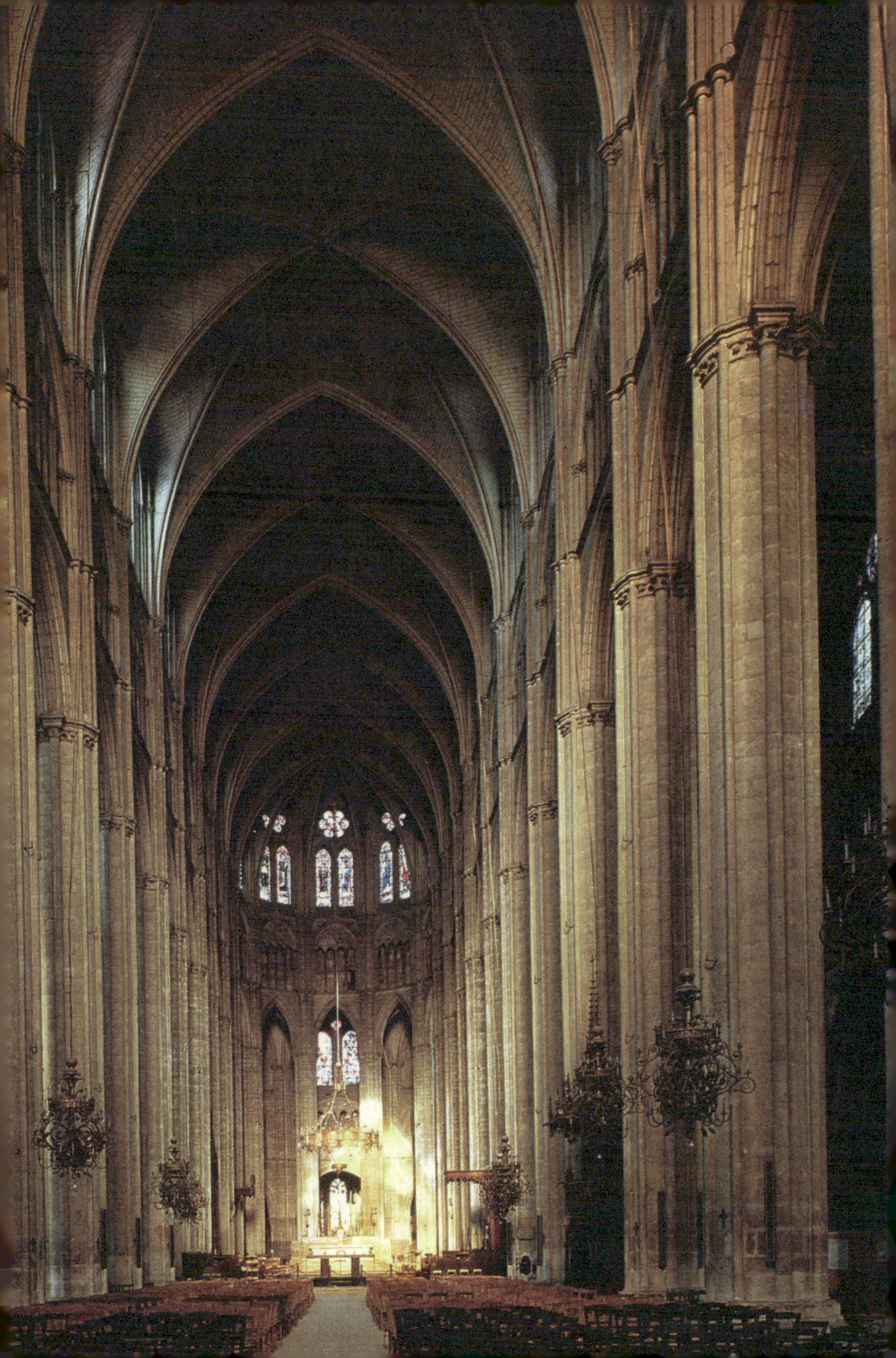

ARQUITETURA

De acordo com Albert Mackey, em *The Symbolism of Freemasonry*, "A arquitetura é para a Maçonaria a *Ars Atrium*, a Arte das Artes", uma vez que muito do simbolismo, que é uma parte tão importante do rito e ritual maçônico, é retirado dela. Na Maçonaria Especulativa, por exemplo, a relação espiritual entre a Arte e a Arquitetura vai muito além dos instrumentos de trabalho como símbolos ou até mesmo da geometria; é importante ressaltar, no entanto, que ambas estão na tradição maçônica. Seu estudo é, portanto, uma parte integral da Maçonaria. Arquitetura é parte das sete "artes e ciências liberais" ensinadas no Grau de Companheiro.

Há simbolismo na arquitetura maçônica e também, de forma mais geral, na arquitetura com a qual os maçons estão envolvidos. Na Idade Média, quando as primeiras Lojas Operativas de maçons começaram a surgir, por exemplo, esse simbolismo se apresentava no planejamento e na construção das grandes igrejas e catedrais, das quais a Catedral de Chartres, na França, provavelmente se apresenta como o exemplo principal.

DIREITA Colunas na Abadia de Westminster. Dr. Albert G. Mackey afirmou: "A arquitetura gótica foi justamente chamada de 'a arquitetura da Maçonaria'".

ESQUERDA Vitral na Abadia de Westminster, Londres, incluso em um arco ogival. Este é um exemplo de arquitetura gótica, na qual os maçons operativos da era medieval se destacavam.

Tal como a maioria das catedrais europeias do período medieval, Chartres é composta sobretudo de padrões geométricos simples, que são repetidos e elaborados para formar a estrutura complexa do todo. Ao mesmo tempo, eles dão a impressão de simplicidade, equilíbrio e harmonia. Parece mais do que provável que os primeiros maçons operativos foram empregados no local.

O projeto emprega vários elementos maçônicos – estes incluem as proporções de três, quatro e cinco (aquelas do ângulo reto pitagórico perfeito) e o quadrado, o círculo e o retângulo ajustado em uma extremidade com um semicírculo em outra. Das três "mesas" esculpidas no chão, a retangular tem as mesmas proporções daquelas do Templo do Rei Salomão, o comprimento sendo o dobro da largura.

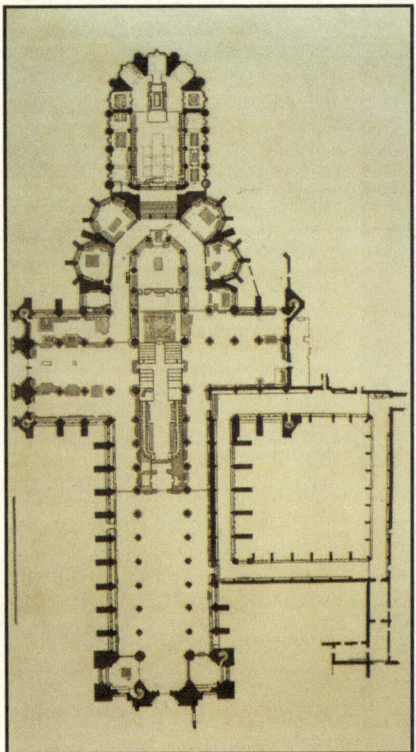

ESQUERDA A planta de uma grande igreja é concebida como resultado de gerações de experiência prática e desenvolvida em construções.

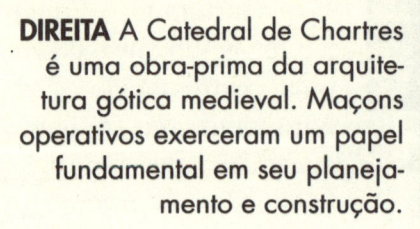

DIREITA A Catedral de Chartres é uma obra-prima da arquitetura gótica medieval. Maçons operativos exerceram um papel fundamental em seu planejamento e construção.

Estrelas com cinco e sete pontas estão também presentes. Na Maçonaria, as sete pontas da estrela representam as sete "artes e ciências liberais" (gramática, retórica, dialética, aritmética, geometria, astronomia e música), que formam a base da educação maçônica na busca por conhecimento e esclarecimento. Há também um labirinto, pelo qual o devoto poderia fazer uma peregrinação simbólica ao seguir o caminho complicado de joelhos. Subsequentemente, o labirinto aparece em arquitetura externa puramente maçônica desde o século XVIII.

Planejamento e ordem

Para os maçons, arquitetura significa construir de acordo com o projeto e o propósito, e organizar em proporção e simetria. Continua a ser arquitetura, independentemente se é um edifício que está sendo construído, como na Maçonaria Operativa, ou se é uma vida humana que está sendo planejada, como na Maçonaria Especulativa. De acordo com a crença maçônica, a ciência de como um edifício foi construído fornece a sabedoria de como edificar um templo espiritual dentro da alma de alguém e coletivamente para toda a humanidade. Esta é a razão pela qual os maçons sempre reverenciaram a noção de ordem na arquitetura. Tudo se encaixa dentro de um plano. Isto também explica parcialmente a fascinação maçônica com o Templo do Rei Salomão, cuja arquitetura e geometria eram vistos como perfeitas, e a importância contínua do templo no ritual maçônico.

OPERATIVA E ESPECULATIVA

Nos rituais que regem a admissão ao Segundo Grau ou Grau de Companheiro da Maçonaria, tanto a Maçonaria Operativa quanto a Especulativa são claramente definidas. De forma bem resumida, a Maçonaria Operativa envolve a criação de arquitetura física, enquanto a Maçonaria Especulativa é a prática da arquitetura humana. As ligações entre as duas datam dos primórdios da Maçonaria, quando todos os membros eram maçons operativos primeiro, e depois especulativos. Com o passar dos anos, a ênfase mudou, e hoje ela foi totalmente invertida.

O Templo de Salomão

Uma crença que já foi compartilhada por todos os maçons era de que as raízes da Arte datavam da construção do Templo do Rei Salomão em Jerusalém. Era tarefa da Arte, eles pensavam, reconstruir as proporções originais deste "Edifício Moral". Todas as Lojas estão, ou devem estar, posicionadas do Oriente ao Ocidente, porque o Templo do Rei Salomão era posicionado desta maneira. Embora as ligações entre a Maçonaria e o Templo não possam ser comprovadas, seu lugar na mitologia da Arte permanece seguro, e grande parte do ritual maçônico ainda gira em torno dele.

Não resta dúvida de que o templo era um edifício imponente. De acordo com estudiosos bíblicos, o Rei Salomão começou sua construção em 975 a.C., durante o quarto ano do seu longo reinado, e levou sete anos para construí-lo. Ele era cercado por altas muralhas

ABAIXO Uma ilustração do século XVIII mostra como as pessoas achavam que o Templo do Rei Salomão era, até que foi destruído pelos babilônios 400 anos após ser construído.

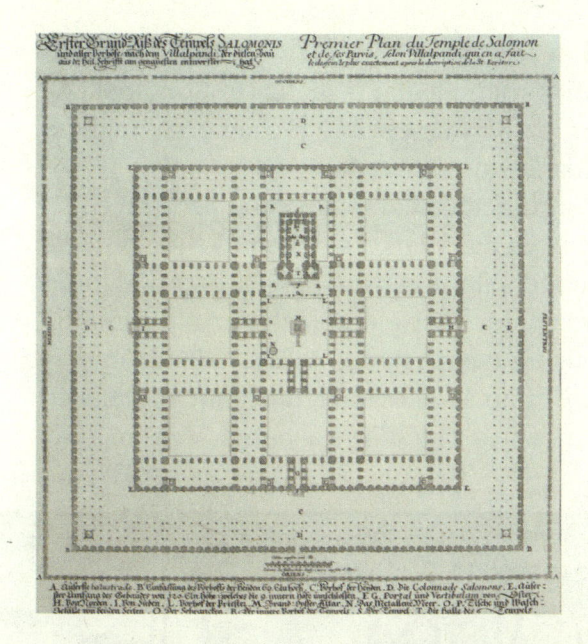

ESQUERDA A planta do Templo do Rei Salomão. O santuário interno era relativamente pequeno, mas foram o pátio externo, os terraços e as decorações que contribuíram em grande parte para o esplendor lendário do templo.

O TEMPLO E O RITUAL MAÇÔNICO

Conforme o iniciado passa pelas cerimônias que regem a admissão aos Três Graus, ele aprende cada vez mais sobre o templo e seus construtores. Ele descobre, por exemplo, que havia dois Graus de maçons – Aprendiz e Companheiro – e que esses eram presididos por três Grão-Mestres – o próprio Rei Salomão, Hirão, rei de Tiro, e Hiram Abiff, o mestre arquiteto de Salomão. O assassinato deste último por seus subordinados – Jubela, Jubelo e Jubelum – é uma das alegorias simbólicas principais na Maçonaria.

---

construídas com pedra e madeira, com um pátio interno se estendendo a partir do próprio templo. Ao redor de todo o templo havia câmaras laterais, dispostas em três pisos. A entrada para o mais baixo era no lado sul do templo, com escadas conduzindo aos segundo e terceiro pisos. Não havia acesso direto das câmaras laterais ao templo. O próprio templo consistia em um corredor externo, um santuário principal com um pórtico de entrada enquadrado por duas grandes colunas – não há consenso se essas colunas eram independentes ou se elas ajudavam a sustentar o teto – e, separado do santuário por um pátio aberto central, um *sanctum sanctorum* interno, ou Santo dos Santos. Pequenas janelas iluminavam o santuário principal. As paredes eram cobertas com painéis de cedro e o chão com madeira de cipreste, todos revestidos de ouro refinado.

O Santo dos Santos foi projetado como um cubo perfeito e não tinha janelas. Era ali que a Arca da Aliança era mantida, juntamente com outros símbolos da libertação dos israelitas da escravidão no Egito e de sua longa jornada pelo deserto do Sinai. A Arca continha as tábuas de pedra nas quais estavam escritos os Dez Mandamentos que Deus havia dado a Moisés no Monte Sinai, um "ômer de maná" (uma quantidade específica de pão sagrado) e a vara de Aarão.

Mito, lenda e símbolo

Houve uma época em que todo escritor maçônico acreditava, sem nenhuma hesitação, que o Templo de Salomão era o lugar onde a Maçonaria se originou – que foi lá onde o Rei Salomão, Hirão de Tiro e Hiram Abiff presidiram como Grão-Mestres em suas respectivas Lojas, e os Graus Simbólicos foram instituídos. Aqueles dias acabaram. No entanto, durante o longo período no qual essa hipótese foi aceita como fato, a suposta conexão exerceu um papel decisivo para moldar o ritual e a crença maçônicos.

Como resultado, quase todo o simbolismo da Maçonaria repousa sobre ou provém da Casa do Senhor do Rei Salomão. Cada Loja é um símbolo do templo. Cada Venerável Mestre representa o próprio Salomão. Cada maçom é uma personificação dos construtores do templo. As lendas que ligam a Maçonaria com o templo são alegorias poderosas e duradouras. Os maçons agora as aceitam pelo que seus inventores realmente queriam que elas fossem – a pedra angular de uma ciência de moralidade.

ESQUERDA Deus apresenta os Dez Mandamentos a Moisés no deserto, enquanto os israelitas aguardam seu retorno do Monte Sinai. As tábuas nas quais eles foram escritos foram abrigadas no santuário mais interno do templo.

Influências Egípcias

De acordo com a lenda maçônica, a Maçonaria é tão antiga quanto a própria arquitetura. Portanto não é surpreendente que, na mitologia maçônica, afirme-se que os protótipos da arquitetura iniciática eram egípcios. O antigo Egito foi o lar da magia hermética, desenvolvida por sacerdotes egípcios que veneravam o deus Hermes Trismegisto. Como o mensageiro dos deuses, o arauto, o guardião dos mistérios, e o deus do julgamento e iniciação, este deus era uma figura importante para os maçons. Assim, esfinges, pirâmides e obeliscos aparecem muito na arquitetura maçônica como expressões simbólicas dos ideais maçônicos.

ESQUERDA O portador da sabedoria no antigo Egito, Hermes Trismegisto, ficou associado com a filosofia hermética na Idade Média.

ACIMA Colunas ornamentalmente esculpidas e decoradas enfileiram-se na chegada às regiões internas do Grande Templo na Ilha de Philae, um dos maiores templos dos egípcios antigos. Eles adoravam o Sol e o deus Sol. Os maçons buscam a luz interior e a iluminação espiritual.

Enquanto as tradições herméticas tardias do Renascimento já haviam apresentado um grande estoque de sabedoria e religião egípcia como um "prenúncio imperfeito" de Cristianismo, os maçons iriam muito além ao ligar seu movimento com a tradição egípcia. As sementes para um renascimento egípcio moderno foram germinadas durante o Iluminismo, com sua curiosidade crescente sobre religião esotérica e lendas alegóricas antigas. A Maçonaria, no entanto, ajudou a trazer o Egito antigo no pensamento da época.

A conexão francesa

Inicialmente, a França foi o centro deste novo interesse. Os franceses ficaram fascinados com a antiga civilização egípcia, após a invasão do país por Napoleão em 1798. O Primeiro Cônsul, cargo que ocupava na época, levou cientistas e estudiosos com ele, alguns dos quais eram maçons, e logo tiveram início as escavações. Entre suas descobertas está a Pedra de Rosetta, que por fim forneceu a chave para decifrar os hieróglifos.

No que diz respeito à Maçonaria francesa, o interesse no Egito antigo, que prendeu a atenção do público em geral como uma consequência da invasão napoleônica, surgiu antes deste evento. Alguns anos antes, em Paris, o misterioso Conde Alessandro Cagliostro havia fundado o Rito Egípcio da Maçonaria, com base em magia e maçonaria egípcias, que atraiu muitos membros da nobreza francesa para suas fileiras. Ele também alegou ser um representante da Ordem dos Cavaleiros Templários e que recebeu a iniciação deles na Ilha de Malta. Hoje Cagliostro é quase universalmente condenado como um charlatão e um aventureiro, mas na época seus ensinamentos tiveram um impacto considerável. De acordo com Manly P. Hall, em *Rosicrucian and Masonic Origins*, quando os membros do Supremo Conselho do Grande Oriente convocaram Cagliostro a comparecer perante eles para justificar a fundação de uma Loja independente, "eles acharam difícil conseguir alguém qualificado a discutir com Cagliostro a Maçonaria filosófica e os Antigos Mistérios que ele alegava representar".

Embora o Rito Egípcio não seja mais considerado como um ritual maçônico legítimo, não resta dúvida sobre o impacto que ele causou na Arte na época e o estímulo que deu para a difusão da influência egípcia. Isto atingiu o auge no século XIX, em um momento

---

OS FRANCESES NO EGITO

A Maçonaria apareceu no Egito pela primeira vez em 1798, quando maçons franceses que acompanhavam os exércitos invasores de Napoleão a introduziram no país. Embora nunca tenha sido verificado com certeza se o próprio Napoleão era um maçom – alguns alegam que ele foi realmente iniciado no Egito durante a invasão francesa –, quatro dos seus irmãos tinham cargos maçônicos importantes. Joseph, o mais velho, se tornou Grão-Mestre do Grande Oriente da França em 1805. Napoleão certamente tolerou os maçons e suas atividades, enquanto as descobertas que foram feitas durante sua invasão serviram para consolidar o interesse maçônico em todas as coisas egípcias.

DIREITA A Agulha de Cleópatra em Nova York é um obelisco com uma pirâmide no seu ápice. Ambos foram invenções arquitetônicas egípcias e exercem papéis simbólicos importantes dentro da Maçonaria.

em que a arquitetura maçônica como um todo estava ficando mais extravagante e ornada.

Em quase toda Loja maçônica, há representações de pirâmides e esfinges. Quando associada com o Olho da Providência, dizem que a pirâmide representa o Ser Supremo, o Grande Arquiteto do Universo. Outro símbolo maçônico que também foi importante na arquitetura egípcia é o obelisco, mais bem descrito como uma torre vertical alta com uma pirâmide no seu topo. Na Maçonaria, obeliscos estão associados com o Sol e com vários fenômenos astronômicos descritos de forma mitológica. Eles são símbolos de continuidade, poder, estabilidade, ressurreição e imortalidade.

Arquitetura Clássica

N'*As Constituições dos Maçons*, um dos documentos de referência da Maçonaria (publicado pela primeira vez em 1723), James Anderson declarou de forma inequívoca que "As artes da construção atingiram seu mais alto Grau de perfeição no governo do Imperador Romano Augusto, que era o Patrono de Vitrúvio". Anderson e seus colegas esperavam que os maçons compartilhassem o entusiasmo deles com a arquitetura ordenada do mundo clássico e sua determinação em usar os procedimentos de construção para ilustrar o processo de desenvolvimento espiritual.

As ideias apresentadas por Marcus Vitrúvio Polião – para dar o nome completo ao grande arquiteto e engenheiro romano – em seu *De Architectura Libri Decem* (Dez Livros sobre Arquitetura) foram elas mesmas resumos dos melhores e mais importantes preceitos da tradição arquitetônica clássica. De acordo com a tradição maçônica, esses preceitos eram provenientes do Templo de Salomão. Pitágoras trouxe os segredos da arquitetura, os quais estavam esculpidos nas duas colunas do templo que exercem papéis simbólicos tão importantes no ritual maçônico, de volta à Grécia, de onde eles se espalharam para o

ESQUERDA Uma representação arquitetônica do padrão de uma coluna clássica. De acordo com a tradição maçônica, a arquitetura clássica deriva seus princípios mais importantes do Templo do Rei Salomão, onde a Maçonaria nasceu.

DIREITA As cinco clássicas Ordens de Arquitetura: da esquerda para a direita, Toscana, Dórica, Jônica, Coríntia e Compósita. Três dela – Coríntia, Dórica e Jônica – estão presentes no simbolismo arquitetônico maçônico.

Ocidente. Eles estavam centrados nos dois ideais principais de ordem e simplicidade. Os maçons reverenciam três das Ordens Arquitetônicas Clássicas: Coríntia, Dórica e Jônica. No simbolismo arquitetônico maçônico, a Dórica representa a força, a Jônica a sabedoria e a Coríntia a beleza.

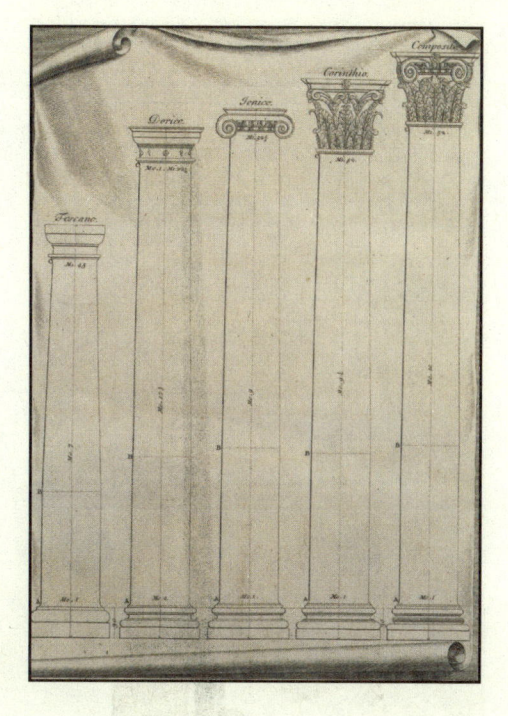

Construindo uma tradição

O pensamento maçônico também foi influenciado pelo conceito de arquitetura do Renascimento no que se refere ao Homem Universal, mestre de todas as artes importantes ao conhecimento humano. Do século XVIII em diante, os iniciados podiam receber instrução sobre a matemática e ouvir palestras sobre a nova ciência nas Lojas maçônicas. Eles se tornaram parte de uma sociedade que alegava ser descendente dos primeiros arquitetos maçônicos que construíram os antigos templos, daqueles que projetaram as catedrais medievais e que praticavam a "Arte Real". Um desses exemplos foi Batty Langley, maçom e arquiteto, que tinha uma escola de construção em Londres. De acordo com a literatura, Langley ensinava "jovens nobres e cavalheiros a desenhar as Ordens das Colunas na Arquitetura, a projetar Plantas e Elevações Geométricas para Templos, Eremitérios, Cavernas, Grutas, Cascatas, Teatros e outros Edifícios Ornamentais de Encanto, para planejar e melhorar Parques e Jardins".

ESQUERDA A coluna apoiando o frontão triangular neste desenho, assinado por Batty e Thomas Langley, é Coríntia – um símbolo maçônico de beleza.

Possivelmente de forma inconsciente, Langley estava seguindo um dos preceitos principais de Vitrúvio. Em *The Education of an Architect*, Vitrúvio escreveu que um arquiteto "deveria estar equipado com conhecimento de vários ramos de estudo e variados tipos de aprendizagem, porque é pelo seu julgamento que todo trabalho feito pelas outras artes é colocado em teste".

Esta foi uma visão com a qual a Maçonaria rapidamente concordou. A Arte aprovava incondicionalmente o estilo palladiano dominante que, inspirado no trabalho neoclássico do arquiteto italiano Palladio, exigia que todo grande edifício estivesse de acordo com as Ordens Arquitetônicas que haviam sido determinadas pelos gregos antigos. O legado continua. Nos rituais que acompanham a admissão ao Grau de Companheiro, por exemplo, a arquitetura está muito presente, com descrições e avaliações elaboradas da importância de cada uma das Ordens Clássicas.

ESQUERDA O frontispício de um estudo arquitetônico impresso na Veneza renascentista. De acordo com o pensamento renascentista, os arquitetos eram mestres de todas as artes principais ligadas ao conhecimento. O paralelo com a Maçonaria e suas crenças é evidente.

DIREITA O arquiteto italiano Andrea Palladio foi o líder do Renascimento clássico e, como tal, foi mais tarde reverenciado pela nova geração de maçons especulativos no século XVIII.

Edifícios Maçônicos

Lojas e Templos não foram sempre obras imponentes de arquitetura. No começo, pouquíssimas Lojas maçônicas tinham local próprio — os maçons se reuniam na parte de cima de tavernas e cafeterias. Até a Primeira Grande Loja da Inglaterra não havia um lar permanente até 1775, quando uma casa foi comprada na Rua Great Queen.

A arquitetura da Loja é particularmente importante para transmitir a solenidade apropriada durante as cerimônias maçônicas. Há também uma convergência em relação ao estilo de arquitetura maçônica, onde quer que ela se encontre, e esse estilo existe em uma bolha de espaço temporal concebido de forma única. Se um maçom hoje pudesse viajar no tempo para uma Loja do século XVIII, ele encontraria muitas semelhanças.

ABAIXO A Taverna do Maçom, *Lincoln's Inn Fields*, Londres, recebeu o jantar inaugural da *Royal Astronomical Society* em 1820. O evento é uma prova clara das ligações constantes da Maçonaria com ciências especulativas.

ACIMA A construção da primeira pirâmide em Giza. O uso de construtores habilidosos pode ser interpretado como prova de uma ligação com os primórdios da Maçonaria.

Edifícios maçônicos são às vezes chamados de templos, porque muito do simbolismo que a Maçonaria usa para ensinar suas lições vem da construção do Templo do Rei Salomão na Terra Santa. O termo Loja vem de estruturas que os maçons medievais construíram ao redor das catedrais durante sua edificação. No inverno, quando o trabalho na construção tinha de parar, eles viviam nessas Lojas e trabalhavam esculpindo pedras.

DIREITA O Farol de Alexandria foi a inspiração para o Memorial Maçônico de George Washington, na Virgínia.

O MAIOR DOS TEMPLOS

O Templo maçônico, em Detroit, que foi construído em 1926, é ainda o maior e mais complexo edifício do seu tipo no mundo. A torre de 14 andares é gótica por inspiração. Há sete salas de reuniões maçônicas – todas têm tratamentos decorativos diferentes, inspirados por motivos egípcios, dóricos, jônicos, coríntios, renascentistas italianos, bizantinos, góticos e românicos. As salas são todas fiéis ao período.

No entanto, talvez a característica mais significativa seja o *layout* da própria Loja. De acordo com a tradição maçônica, ele deve idealmente seguir o suposto *layout* do Templo do Rei Salomão, na medida do possível. A Loja deve ter um pórtico com duas colunas, um santuário principal e um Santo dos Santos internos. As duas colunas, Jachin e Boaz, têm uma importância considerável no ritual maçônico.

DIREITA Um Avental de Mestre Maçom do século XIX. O tema simbólico principal é o imaginário arquitetônico.

Retorno aos egípcios

Houve outra influência predominante na arquitetura das Lojas – aquela do Egito antigo. Do século XIX em diante, se tornou padrão para os maçons incorporarem elementos de *design* egípcio em suas construções, assim como o pensamento egípcio veio a exercer um papel significativo no ritual maçônico. O 31º Grau do Rito Escocês, conforme concebido pelo conhecido estudioso maçônico do século XIX Albert Pike, foi baseado no Livro dos Mortos (um registro de feitiços mortuários egípcios antigos) e inclui referências ao assassinato do deus Osíris e sua ressurreição.

O amplo salão de Loja sem janelas do Templo *Silvergate*, em São Diego, Califórnia, por exemplo, foi projetado para ser uma réplica exata de uma sala do trono egípcia, enquanto no *Royal Arch Halls of the Chapter Room*, Edimburgo, o uso de motivos egípcios se estende aos móveis e carpetes. O Memorial Nacional Maçônico George Washington, na Virgínia, é uma réplica do imponente Farol de Alexandria, uma das Sete Maravilhas originais do Mundo Antigo.

O Interior da Loja

Em comum com outras sociedades ritualísticas, a Maçonaria coloca grande importância na arrumação dos seus locais de reunião. Para os maçons, a Loja se refere tanto a uma reunião de um grupo de maçons quanto a uma sala ou edifício no qual a reunião ocorre. Apenas quando Lojas e templos construídos para fins específicos viraram padrão é que os maçons puderam deixar os móveis e equipamentos de uma forma mais ou menos permanente, e o *layout* se tornou um símbolo maçônico importante e constante.

ABAIXO Um grande jantar no *Freemason's Hall*, Londres. A cena é um testemunho eloquente à forma em que a Maçonaria cresceu desde a época das reuniões em quartos alugados em cima de tavernas e cafeterias.

As Lojas convencionalmente têm a forma de um quadrilongo, embora registros mostrem que algumas das primeiras parecem ter sido triangulares e outras cruciformes. Geralmente, pelo menos no que diz respeito à Maçonaria Azul, a planta inglesa tradicional é seguida. O Venerável Mestre da Loja senta no Oriente, ao qual a tradição maçônica associa com o Sol, luz e vida. Na outra extremidade da Loja há três degraus, um para o Primeiro Grau, um para o Segundo Grau e um para o Terceiro. Há sempre um altar ou mesa com o Livro da Lei aberto em cima, se a Loja estiver em reunião.

Por causa do fato de os maçons considerarem ser tão importante proteger os segredos de suas cerimônias, as Lojas geralmente não têm janelas. Em vez disto, elas são iluminadas por velas. As próprias velas têm seu próprio significado com símbolos de luz ou iluminação espiritual. Elas também estão associadas com noções de consagração, gratidão e a preservação de promessas.

DIREITA Um maçom "forjado por meio das ferramentas de sua Loja", conforme representado em uma ilustração inglesa de 1754. As ligações arquitetônicas são claramente visíveis.

ORIENTE
O LUGAR DO MESTRE
O Lugar do Primeiro Vigilante O   O   O O Lugar do Past-Master

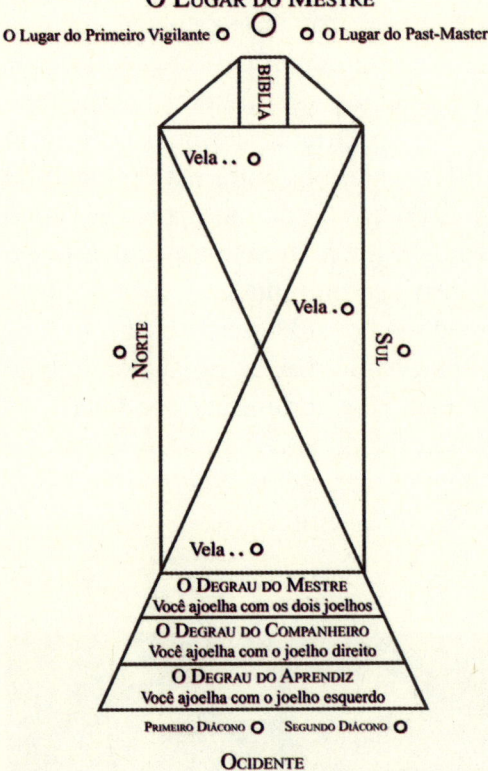

BÍBLIA

Vela .. O

NORTE

Vela . O

SUL

Vela .. O

O DEGRAU DO MESTRE
Você ajoelha com os dois joelhos
O DEGRAU DO COMPANHEIRO
Você ajoelha com o joelho direito
O DEGRAU DO APRENDIZ
Você ajoelha com o joelho esquerdo

PRIMEIRO DIÁCONO O   SEGUNDO DIÁCONO O
OCIDENTE

ESQUERDA Uma planta de uma Loja Maçônica típica. Note onde os oficiais da Loja se sentam e os três degraus – um para cada um dos Três Graus.

A MOBÍLIA DA LOJA

As primeiras Lojas provavelmente tinham decoração simples, mas conforme a Arte começou a atrair novos adeptos e a Maçonaria cresceu em poder, riqueza e prestígio, da mesma forma a decoração e a mobília passaram a ser mais elaboradas. Tapeçarias complexas, por exemplo, se tornaram o padrão – exemplos típicos mostravam as duas colunas Boaz e Jachin, os sete degraus que, de acordo com a tradição, levavam ao Templo de Salomão, o Pavimento Mosaico do templo, a Estrela Flamejante, o Sol, o Prumo e outros emblemas maçônicos importantes.

Outros elementos que são dignos de comentários são o Olho que Tudo Vê – um símbolo perpétuo da onipresença e onisciência do Ser Supremo –, a Estrela Flamígera e os Signos do Zodíaco. Com a exceção do branco, o azul é a única cor usada na decoração maçônica; ela simboliza amizade universal e benevolência. Os maçons reverenciam o Templo do Rei Salomão como um símbolo do que foi perdido e uma inspiração para o que pode ser reconstruído por meio da busca esclarecida de força, sabedoria e beleza. Esta foi a fundação que eles construíram para criar um simbolismo místico que era exclusivamente deles. Veja por exemplo o piso em xadrez a ser encontrado em muitas Lojas maçônicas. Ao não iniciado, é um piso – nada mais, nada menos. Ao maçom, sua multiplicidade de quadrados é muito mais do que simples decoração atrativa. Eles simbolizam, entre outras coisas, a vida constantemente em xeque do homem não iluminado.

As cadeiras onde o Venerável da Loja e outros oficiais se sentam estão entre o grupo mais comovente de mobiliário encontrado em uma Loja. Muitas são de um estilo que pode ser chamado de arquitetônico, porque elas são tanto peças de arquitetura quanto móveis. Representam um microcosmo de *design* da Loja global, com colunas, tetos e cornijas como parte de sua decoração, enquanto seus braços longos e firmemente colocados sugerem linhas paralelas.

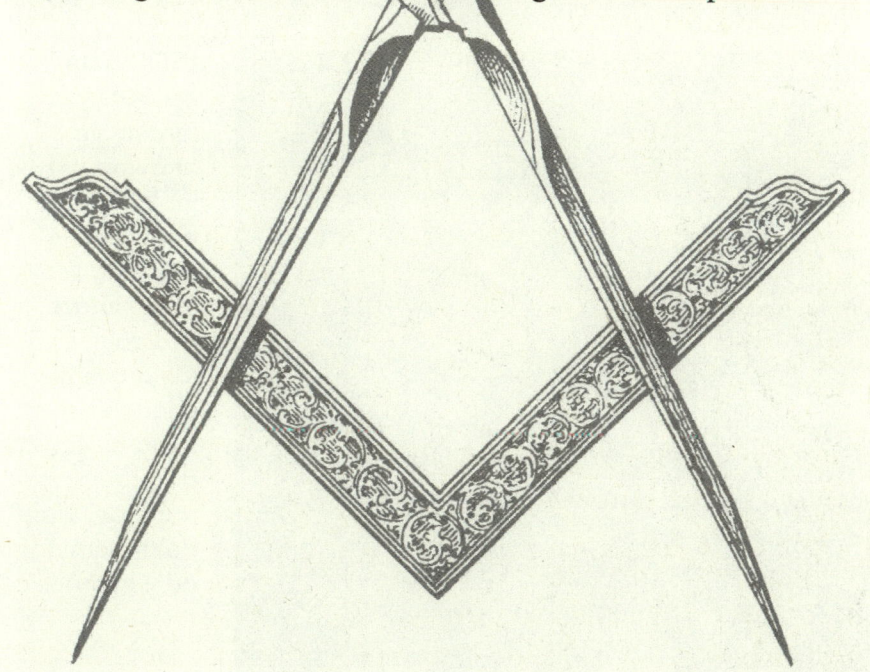

UM SÍMBOLO UNIVERSAL

O desenho do Esquadro e do Compasso é conhecido por todo o mundo como um símbolo de caráter, caridade e amor fraterno. Este emblema em particular aparece proeminentemente da decoração da Loja Maçônica.

Jardins

Coincidindo com a ascensão da Maçonaria Especulativa na Inglaterra veio o nascimento do paisagismo. Assim como o conceito vitruviano de arquitetura que representou a culminação de todos os outros estudos, tornou-se um princípio fundamental da Maçonaria iluminista, da mesma forma que a noção de projetos paisagísticos como mais uma expressão de princípios maçônicos. Muitos dos principais paisagistas da época eram maçons, então não é surpreendente que eles tenham utilizado um vasto vocabulário de símbolos maçônicos em suas criações.

ESQUERDA
A capela do jardim em Strawberry Hill, Inglaterra, casa do escritor e sábio do século XVIII Horace Walpole. O idílio que ele criou reflete a ideia maçônica da ordem, moralidade, virtude, fraternidade e tolerância.

O entusiasmo para a nova arte da jardinagem não se limitou à Inglaterra – ele se espalhou para a França, Alemanha e outras partes da Europa, assim como as ideias e ideais da própria Maçonaria foram disseminados. Na Europa, como na Inglaterra, os novos jardins foram deliberadamente criados com a intenção de evocar o ideal dos intocados Campos Elíseos. Esses jardins, acreditava-se, poderiam desempenhar seu papel na concretização de uma nova idade de ouro de crescente harmonia social e perfeição. Esta era uma ambição maçônica principal. A ideia era construir a paisagem para expor uma lição de moral explícita.

Paisagismo

Para paisagistas maçônicos, arquitetura e ornamentação do jardim eram tão importantes quanto o planejamento do próprio jardim – na verdade, os dois eram inseparáveis. Mais uma vez, as ligações com a Maçonaria e simbolismo maçônico são típicas. Grandes "jardins

ACIMA *Sir* John Vanbrugh, Charles Bridgeman, William Kent e James Gibbs contribuíram para a criação do grande "jardim de alusão" de Stowe. A rotunda foi, sem dúvida, inspirada pela Maçonaria.

ESQUERDA Lírios têm sido associados há muito tempo com a Maçonaria – os capitéis das duas colunas do Templo do Rei Salomão eram decorados com eles. A rotunda no fundo também é maçônica em inspiração.

de alusão", como vieram a ser conhecidos, foram criados em Castle Howard em Yorkshire, Inglaterra; Strawberry Hill, casa de Horace Walpole, perto de Londres, Inglaterra; Stowe; e na casa do filósofo Jean-Jacques Rousseau em Ermenonville, na França. O autor da obra *Do Contrato Social* está enterrado em uma ilha na propriedade.

Rotundas começaram a aparecer no paisagismo. Esses edifícios parecidos com templos tinham várias propriedades maçônicas e alegóricas que lhes eram atribuídas. Esfinges, juntamente com pirâmides, obeliscos e outros elementos influenciados pelos egípcios fizeram sua aparição. Eles também eram uma expressão das tradições maçônicas, particularmente a noção de uma ligação direta entre a Arte e os mistérios egípcios antigos.

Nicholas Hawksmoor, William Kent e *sir* John Vanbrugh, três paisagistas célebres do início do século XVIII, eram conhecidos por seu uso de pirâmides. Kent, por exemplo, colocou uma pirâmide com degraus sobre o bloco central do *Temple of British Worthies* que ele construiu em Stowe, colocando um busto de Mercúrio dentro do seu nicho oval. Mercúrio foi uma figura importante na lenda maçônica. Seu nome anterior tinha sido Hermes Trismegisto e ele estava ligado a Euclides, Pitágoras e às supostas bases egípcias da Arte.

Jardins funerários

Os assim chamados jardins funerários começaram a ser projetados ao longo das mesmas linhas. Provavelmente, o maior e mais influente de todos eles é o grande cemitério de Père-Lachaise, Paris, criado pelo maçom francês Alexandre-Théodore Brongniart, e aberto em 1804. No cemitério, túmulos clássicos dignificados se alinhavam nas avenidas, cada um deles com seu próprio plantio de limoeiros, castanheiras, choupos e, acima de tudo, acácias. A acácia tem sido respeitada como uma árvore sagrada, e é extremamente importante no contexto maçônico. Não só a planta tinha associações egípcias históricas, mas também, de acordo com a tradição maçônica, um raminho de acácia havia sido plantado como um marcador para a sepultura de Hiram Abiff. No simbolismo maçônico, é um símbolo da imortalidade da alma.

GOETHE E OS JARDINS

O poeta alemão Johann Wolfgang von Goethe era um maçom famoso que fez da criação de um novo jardim e seus edifícios ao longo de linhas maçônicas um tema principal em um de seus romances, *Die Wahlverwandtschaften*. O texto é cheio de imaginário maçônico, com referências a "pedras quadradas", um símbolo de ordem e regularidade, e à "argamassa de cal", onde essas pedras serão incorporadas. Argamassa de cal era importante na época de Goethe por causa de sua "força de ligação". O paralelo, como o poeta apontou, é a maneira pela qual a lei atua como cimento social dentro da sociedade humana.

Parte Quatro

SINAIS E SÍMBOLOS

Evidências históricas antigas para as origens da Maçonaria são muito escassas. No entanto, sabemos que os criadores da Maçonaria moderna eram pessoas que queriam construir um mundo melhor, onde os homens poderiam trabalhar pacificamente juntos para o bem da humanidade. Como era de costume, eles usaram alegoria e simbolismo para transmitir seus ideais. Uma vez que o seu princípio central foi baseado em construção, eles retiraram sua alegoria principal da Bíblia, e é a partir dela que muitos sinais e símbolos são derivados. História, mitologia e lendas clássicas também estão presentes, e uma grande parte do simbolismo é matemático e geométrico por natureza. A Maçonaria não impõe significados em seus símbolos, embora muitos tenham ganhado uma aceitação geral sobre o que eles representam.

DIREITA Jacó sonha com uma escada de mão ou escada da Terra ao Céu como relatado em *Gênesis*, o primeiro livro da Bíblia. A escada é um símbolo importante na Maçonaria.

Jacob

Os Instrumentos de Trabalho

Os instrumentos de trabalho da Maçonaria são o Compasso, o Esquadro, a Régua de 24 polegadas, o Malhete, o Prumo, o Nível e a Trolha. Na Maçonaria Operativa, esses eram os instrumentos de trabalho dos maçons. Na Maçonaria Especulativa, eles assumiram um significado simbólico, virtudes e princípios específicos foram atribuídos a cada instrumento de trabalho. Deles, o Esquadro e o Compasso são provavelmente os mais significativos e certamente os mais conhecidos.

O ESQUADRO E O COMPASSO

Duas das Três Grandes Luzes da Maçonaria são o Esquadro e o Compasso e, portanto, eles têm grandes papéis a exercer nos rituais maçônicos associados com a iniciação nos Três Graus. No Primeiro Grau, o Esquadro é uma das Três Grandes Luzes; no segundo, é um Instrumento de Trabalho; e no Terceiro, é o emblema do Venerável da Loja. Difere o modo como ele é retratado. Maçons franceses quase invariavelmente o mostram com uma perna maior que a outra, mas na Maçonaria Americana ele tem pernas de igual comprimento. Independentemente disso, o seu significado simbólico é inalterável. Ele significa moralidade, honestidade e trato justo.

ESQUERDA O selo ou carimbo da Grande Loja da Irlanda mostra uma Trolha, o principal instrumento de trabalho de um Mestre Maçom.

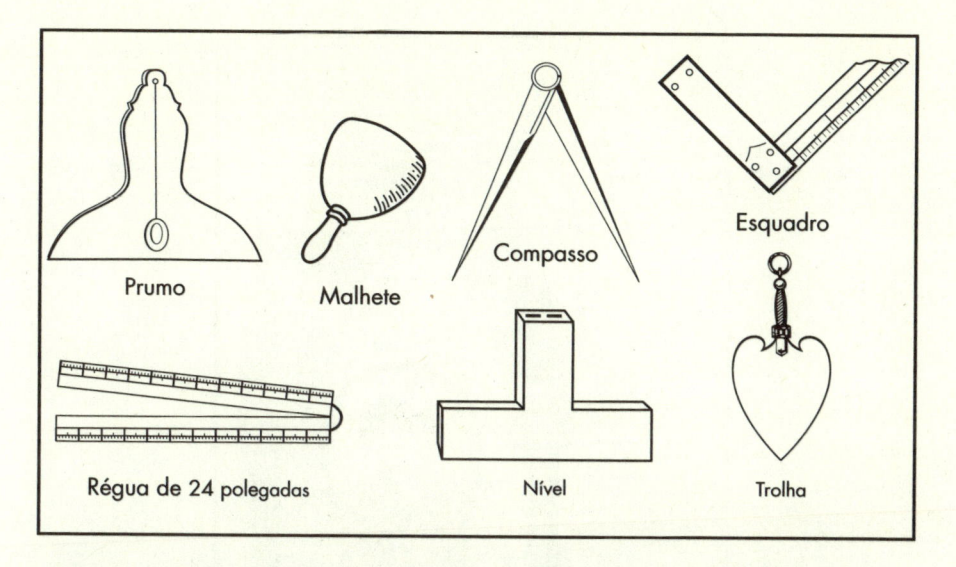

ACIMA Cada Instrumento de Trabalho da Maçonaria tem sua própria importância. Coletivamente, eles têm sido apelidados de "os evangelistas de um novo dia".

SIGNIFICADOS SIMBÓLICOS

O Esquadro e o Compasso são os instrumentos mais conhecidos na Maçonaria. O Esquadro defende a moralidade, a honestidade e o tratamento justo, e o Compasso simboliza a verdade e a lealdade.

O Compasso é o símbolo da verdade e da lealdade mais proeminente na Maçonaria. Acredita-se que, enquanto o Livro da Lei lança luz sobre o dever de um maçom para com o Ser Supremo, e o Esquadro ilustra o dever que ele tem para com seus companheiros maçons e a sociedade, do mesmo modo o Compasso fornece a luz extra necessária para compreender os deveres que ele tem consigo mesmo – controlar paixões e manter desejos dentro de limites. Alguns maçons acreditam que o Compasso é um símbolo do Sol: o pivô circular representando o corpo do Sol e as pernas divergentes seus raios.

ACIMA O Venerável de uma Loja irlandesa, em 1787, é retratado sentado entre duas colunas que simbolizam as duas colunas gêmeas do Templo do Rei Salomão. Itens no altar incluem a Bíblia e uma coleção de Instrumentos de Trabalho.

Outros Instrumentos de Trabalho

A Régua de 24 polegadas é uma régua de dois pés de comprimento, que é subdividida em dimensões de uma polegada. No Primeiro Grau, estas divisões representam as horas do dia, e sua finalidade é ensinar aos Aprendizes a necessidade de dedicar seu tempo para um bom propósito.

O Malhete Comum, ou o martelo de pedreiro, é igualmente um dos importantes Instrumentos de Trabalho do Aprendiz. Maçons operativos usavam malhetes para romper os cantos das Pedras Brutas a fim de deixá-las prontas para uso na construção. Na Maçonaria Especulativa, o Malhete é um lembrete da necessidade de despir o coração e a consciência do que é chamado de vícios e coisas supérfluas da vida. O Malhete usado pelo Venerável de uma Loja é também chamado de Hiram, porque – como o arquiteto – ele governa a Arte e mantém a ordem na Loja, como Hiram fez no Templo do Rei Salomão.

A Trolha é o instrumento usado por maçons operativos para o processo físico de espalhar cimento na construção. Na Maçonaria Especulativa ela simboliza "o propósito nobre e glorioso de espalhar o cimento do amor e carinho fraternos". É o Instrumento de Trabalho de um Mestre Maçom do Terceiro Grau, onde é necessário cimentar e completar a obra dos dois Graus anteriores.

ESQUERDA Os emblemas arquitetônicos nesta medalha maçônica simbolizam as várias qualidades que constituem a verdade.

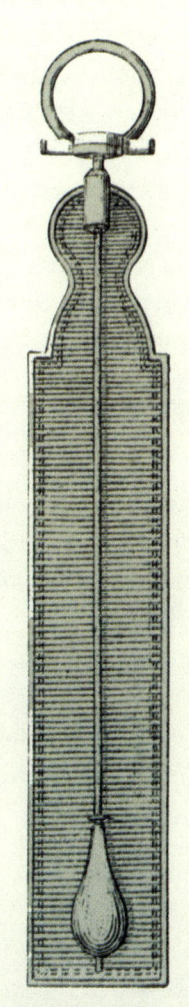

ACIMA Uma joia do Grande 2º Vigilante descreve o Prumo, que, juntamente com o Nível, é um símbolo do Grau de Companheiro.

O Templo Simbólico

O TEMPLO É UM PROEMINENTE SÍMBOLO MAÇÔNICO, SIGNIFICANDO "AQUELA CASA NÃO FEITA POR MÃOS, ETERNA NOS CÉUS". É UM EMBLEMA DE ESPERANÇA PARA O FUTURO. AS LIGAÇÕES ENTRE O TEMPLO DO REI SALOMÃO E A PRÁTICA DA ARTE CERTAMENTE REMONTAM AOS DIAS DA MAÇONARIA OPERATIVA, QUANDO OS CANDIDATOS EM CADA UM DOS VÁRIOS GRAUS FORAM ENSINADOS QUE ELES REPRESENTAVAM UMA PEDRA EM PARTICULAR NA CONSTRUÇÃO DO GRANDE EDIFÍCIO. AS CERIMÔNIAS SUBSEQUENTES FORAM TECIDAS EM TORNO DA PREPARAÇÃO, TESTE E POSICIONAMENTO DAQUELA PEDRA NO LUGAR.

ABAIXO O Templo de Salomão representado por um artista do século XVIII. Mesmo se Salomão foi maçom ou não, não há dúvida da importância contínua do seu templo como um poderoso e duradouro símbolo alegórico.

DIREITA O Rei Salomão construiu um grande templo em Jerusalém e, ao fazê-lo, cumpriu os sonhos de seu pai, Davi.

Registros bíblicos não deixam dúvida de que os maçons e artesãos associados que trabalharam em conjunto na construção do Templo do Rei Salomão devem ter tido conhecimento abrangente do simbolismo do edifício que estavam criando. Cada característica única do grande edifício tinha significado religioso e simbólico. Mesmo após a destruição do Templo por Nabucodonosor II, sua importância contínua foi reconhecida na construção do Segundo Templo e sua posterior restauração. Flávio Josefo, o governador romano da Galileia séculos mais tarde, registrou em suas *Antiguidades dos Judeus* (93 d.C.), que, quando o Rei Herodes, o Grande, começou o trabalho de construção no Segundo Templo em 20 a.C., ele não só o realizou pouco a pouco, para evitar a interrupção das observâncias rituais, mas também tinha mil sacerdotes treinados para trabalhar como maçons na reconstrução do santuário.

Símbolos e alegorias

Na Maçonaria, todas as Lojas e templos maçônicos são tidos como representações simbólicas do Templo do Rei Salomão. As chamadas perambulações de candidatos em torno da Loja durante o processo

O LEGADO DO TEMPLO

Embora construído em 967 a.C. para perdurar por séculos, o Templo foi destruído dentro de algumas centenas de anos. Sua influência é incalculável.

ACIMA No momento em que Jerusalém foi queimada pelos romanos em 70 d.C., o Templo original de Salomão há muito já havia desaparecido, e o Segundo Templo, construído por Herodes, estava em seu lugar.

de iniciação para os vários Graus maçônicos estão intimamente ligadas aos rituais originais do templo. Uma ampla gama de Instrumentos de Trabalho da Arte é usada para fornecer instrução moral, que contém referências frequentes ao trabalho no templo.

De acordo com John Hamill, em *The Craft: a History of English Freemasonry*, conforme um iniciado passa pelas várias cerimônias, ele aprende que os maçons habilidosos empregados para a construção do templo foram divididos em Aprendizes e Companheiros, presididos por três Grão-Mestres – o próprio Salomão, Rei Hirão, de Tiro e Hiram Abiff – que mantinham certos segredos da Arte conhecidos apenas por eles. Esses segredos foram perdidos em razão do assassinato de Hiram Abiff, depois disso, segredos substitutos foram adotados "até que o tempo ou a circunstância restaurasse o antigo". Obviamente, apesar da insinuação de que a Maçonaria já estava estabelecida na época de Salomão, o ritual não é historicamente verdadeiro. É uma alegoria dramática por meio da qual os princípios da Arte são passados de uma geração de maçons para a próxima. Outra dessas alegorias é a da grande pedra angular ou pedra fundamental, necessária para completar o arco da abóbada secreta.

Características específicas do Templo do Rei Salomão, como as duas grandes colunas que estavam em sua entrada, também são usadas como símbolos maçônicos. Essas colunas são a ligação física mais próxima da Maçonaria com o templo original e têm destaque no ritual maçônico até os dias atuais.

A Grande Pirâmide

No que diz respeito aos seus rituais, a Maçonaria moderna certamente foi influenciada por crenças egípcias antigas. Embora não haja provas históricas concretas para apoiar isso, de acordo com a mitologia, os alicerces da fraternidade maçônica datam das origens da própria arquitetura. Por isso, é discutido que deve haver uma ligação entre a Maçonaria e as pirâmides, os exemplos mais antigos de arquitetura monumental que ainda sobrevivem.

ABAIXO As pirâmides são representadas com a Esfinge em primeiro plano. Desde o fim do século XVIII, os maçons são *egiptólogos* dedicados e as pirâmides, portanto, fazem parte do seu simbolismo.

Alguns estudiosos acreditam que as doutrinas espirituais encarnadas dentro do ritual maçônico são extremamente antigas, influenciadas pelos ensinamentos de muitas religiões e filosofias, desde tempos imemoriais. Dentre essas influências estava a religião do antigo Egito, os mais antigos registros escritos, dos quais sobrevivem os chamados *Textos das Pirâmides* – as inscrições hieroglíficas em três

ESQUERDA Uma medalha maçônica mostra influências egípcias claras. Alguns afirmam que a decisão para incluir uma pirâmide e o Olho que Tudo Vê no Grande Selo dos Estados Unidos foi de inspiração maçônica.

pirâmides nas proximidades de Saqqara. Os textos giram em torno da noção de um círculo de existência, que os próprios egípcios acreditavam que foi representado pelo progresso por meio das várias câmaras da Grande Pirâmide. A ideia de uma viagem ritual foi depois aparecer na cultura grega antiga e em outras. O arquiteto grego Dédalo, o suposto inventor do machado, sovela e bisel, projetou e construiu o grande labirinto de Cnossos, em Creta – o primeiro labirinto do mundo.

ACIMA A passagem da Segunda para a Terceira Galeria na Grande Pirâmide. Assim como os maçons, os egípcios acreditavam na ideia de uma viagem ritual que essas passagens representam.

As semelhanças entre esses rituais e ritos maçônicos são evidentes. As cerimônias na Maçonaria Especulativa moderna incluem os elementos simbólicos do círculo de existência. De acordo com Maurizio Nicosia, em *The Sepulchre of Osiris*, "o rito é organizado como uma pirâmide... a imagem da pirâmide imediatamente leva aos sepulcros egípcios e à viagem de desprendimento do corpo e ascendendo, o que constitui o alvo da iniciação".

O PRIMEIRO ARQUITETO

Outra razão para a estreita associação dos maçons com pirâmides é que a primeiríssima delas foi planejada e construída pelo primeiro arquiteto conhecido do mundo. Esta é a pirâmide de degraus, que também foi erguida em Saqqara. O homem era Imhotep, arquiteto chefe do Rei Zoser; segundo a mitologia egípcia, ele era o filho do deus Ptah, deus do fogo e o arquiteto do Universo. Alguns dizem que o próprio Ptah era a ressurreição de Osíris, que também possui um papel importante no mito e lenda maçônicos.

O próprio Imhotep se tornaria um deus – o filho divino na Tríade de Memphis. Pouco se sabe sobre os preceitos arquitetônicos de Imhotep, além de sua crença principal de que, acima de tudo, uma edificação precisa de alicerces firmes e duradouros: ele defendia que colunas e pilares eram os melhores meios de proporcionar a estabilidade necessária. Mais tarde, o culto de Imhotep generalizou-se no mundo greco-romano.

O LEGADO EGÍPCIO

Desde o fim do século XVIII, todos os tipos de sociedades e cultos secretos – dos rosa-cruzes aos maçons – foram rápidos para aproveitar os ornamentos da cultura e da religião do antigo Egito. A ideia deles era conferir uma espécie de antiguidade imediata em seus ritos e práticas; em alguns casos, eles foram bem longe, a ponto de alegar sucessão direta do próprio sacerdócio egípcio. Os maçons, em particular, viam suas Lojas como templos egípcios e as decoravam em conformidade com todos os tipos de símbolos egípcios – especialmente os hieróglifos. O que está claro, no entanto, é que, embora a pirâmide seja um símbolo maçônico, ela é apenas uma das muitas influências egípcias.

As Colunas de Salomão

Na Maçonaria, hoje, as colunas mais significativas são as gêmeas enormes que originalmente estavam no pórtico de entrada do Templo do Rei Salomão, em Jerusalém. A coluna à esquerda, chamada Boaz, foi esculpida com a frase "Que o Senhor estabeleça o trono de Davi e seu reino para sua descendência para sempre". A coluna à direita foi nomeada Jachin, e em sua inscrição lê-se "Na força do Senhor se alegrará o rei".

No entanto, Boaz e Jachin não foram as primeiras colunas a aparecer na tradição maçônica. Conforme registrado nas Antigas Obrigações, foram os filhos de Lame que fizeram as duas primeiras colunas da história da Arte; elas estavam preparadas para a destruição do mundo pelo fogo ou inundação. As colunas eram indestrutíveis, e então sobre elas foram esculpidos detalhes de "todas as ciências" que haviam sido descobertas até aquele momento para garantir que o conhecimento sobrevivesse ao desastre.

Simbolismo de Boaz e Jachin

Essas colunas gêmeas são símbolos quase tão familiares da Maçonaria como o Esquadro e o Compasso. No ritual maçônico, Boaz e

ESQUERDA A Coluna de Hathor, em Dendera, no Egito. As enormes colunas tiveram sem dúvida muito do mesmo significado simbólico como aquelas do Templo do Rei Salomão.

ACIMA As colunas de Boaz e Jachin têm um significado alegórico no simbolismo maçônico. Boaz significa "na força", a coluna direita Jachin significa "porque Deus estabelecerá", uma lembrança das promessas abundantes de Deus.

Jachin simbolizam, entre outras coisas, sabedoria e compreensão, e seus significados simbólicos respectivos são explicados como parte dos ritos que cercam a admissão ao Primeiro e Segundo Graus. Elas fizeram sua primeira aparição registrada no ritual da Arte em 1696, na Escócia, embora pareça provável que elas já tivessem conseguido um lugar importante nele em algum momento entre 1500 e 1630. Logo após isso, as colunas se tornaram uma parte regular do mobiliário da Loja.

Desenvolvimento das Colunas

No início, as duas colunas foram desenhadas no chão com giz e carvão vegetal com as Luzes Menores – três velas que representam "o Sol para governar o dia, a Lua

---

AS PRIMEIRAS COLUNAS

Parte do Manuscrito Cooke descreve as duas primeiras colunas na Maçonaria como tendo sido criadas pelos filhos de Lameque. A primeira menção conhecida das colunas de Salomão em ritual da Arte é encontrada em um manuscrito escocês (de 1696), em um catecismo associado às cerimônias de "Palavra Maçom". Quando cerimônias maçônicas foram reformuladas, para incluir uma ligação alegórica ao Templo do Rei Salomão, as colunas do Templo foram substituídas pelas mais antigas.

ESQUERDA Colunas suportando globos decorados com mapas celestiais e terrestres aparecem proeminentemente em alguns painéis maçônicos, como parte do Templo do Rei Salomão.

para governar a noite, e o Mestre Maçom para governar sua Loja" – dispostas em um triângulo para iluminá-las. Em meados do século XVIII, no entanto, é claro que os Vigilantes das Lojas possuíam suas próprias versões. De acordo com o *Three Distict Knocks*, um panfleto que expunha trabalhos maçônicos publicado em 1768, "os Primeiro e Segundo Vigilantes têm cada uma de suas Colunas em suas Mãos, com cerca de 20 polegadas de comprimento, que representam as duas Colunas no Pórtico do Templo de Salomão. Boaz e Jachin. O Primeiro é Boaz ou força. O Segundo é Jachin ou Sabedoria".

Finalmente, as duas colunas apareceram como peças bonitas de mobiliário coroadas com fruteiras de bronze ou globos cobertos com mapas celestiais e terrestres, geralmente posicionadas no extremo oeste da Loja. Nessa posição, elas formam um portal, e os candidatos para iniciação nos Três Graus passam entre elas.

ACIMA Uma visão do século XV da cidade murada de Jerusalém, mostrando o Templo de Salomão e os portões da cidade, tirada da Crônica de Nuremberg.

Pilares e colunas também possuem um lugar de destaque na arquitetura maçônica. Colunas sozinhas geralmente servem como memoriais, enquanto gêmeas sugerem estabilidade e demonstram força. Grupos de três colunas indicam cooperação e implicam perfeição. Grupos de quatro representam a terra, água, ar e fogo, para sugerir completude e implicam realização.

O Olho que Tudo Vê

O Olho da Providência, como o Olho que Tudo Vê é frequentemente chamado, é um símbolo que mostra um olho cercado por raios de luz, ou uma auréola, geralmente colocado dentro de um triângulo. É comumente interpretado como representando o Olho de Deus – na linguagem Maçônica, o Ser Supremo –, mantendo uma vigilância sobre a humanidade. Suas origens remontam à mitologia egípcia antiga e ao olho de Hórus. Para os egípcios, este era um símbolo de poder e proteção.

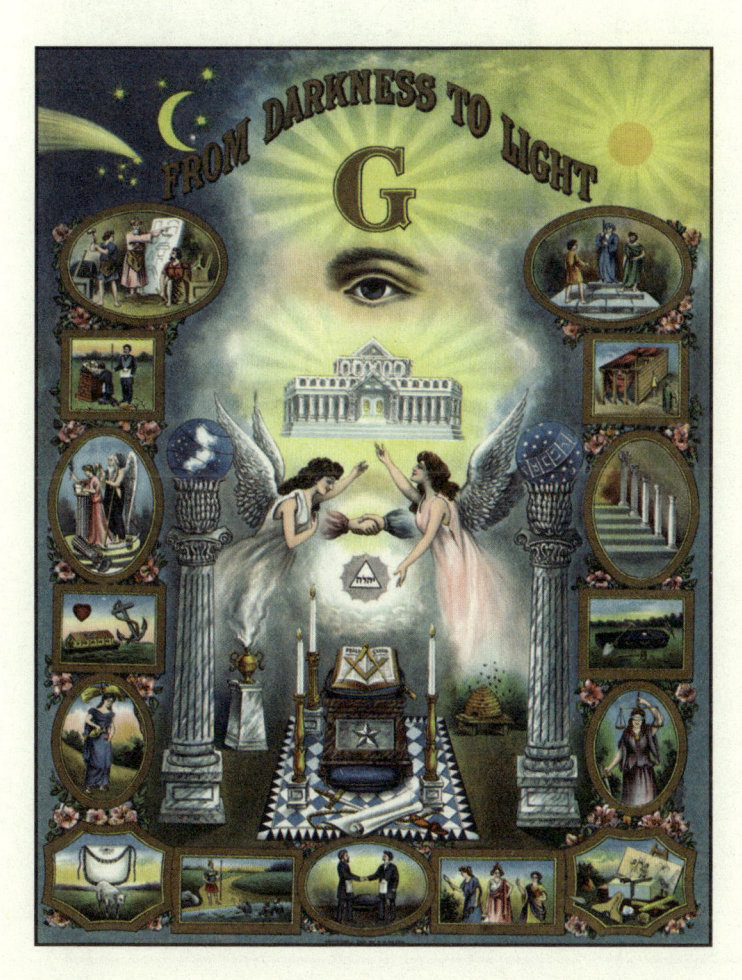

ESQUERDA O Olho da Providência e o G (Grande Arquiteto) olham para baixo com benevolência sobre o progresso maçônico rumo à iluminação.

Na Maçonaria, o Olho que Tudo Vê serve como um lembrete para os maçons de que o Grande Arquiteto do Universo sempre observa as suas obras. Normalmente, ele tem uma auréola semicircular sob o olho real, os raios na parte inferior frequentemente se estendem mais para baixo. Às vezes, é colocado dentro de um triângulo, que é, talvez, uma referência à preferência maçônica pelo número três na numerologia. Em outras variações, a letra G, que significa o Grande Arquiteto, substitui o próprio olho.

ACIMA Uma pirâmide e o Olho aparecem na nota de um dólar (Grande Selo). Apesar do que os escritores antimaçônicos dizem, não há nenhuma prova de que a Maçonaria inspirou sua presença.

O OLHO QUE TUDO VÊ ORIGINAL

Na literatura maçônica, a primeira referência histórica para o Olho que Tudo Vê parece ter surgido em *The Freemasons Monitor*, de Thomas Smith Webb, publicado em 1797. Neste título, Smith Webb escreveu que "apesar do fato de que nossos pensamentos, nossas palavras e ações possam ser escondidos dos olhos do homem, ainda

---

OLHO DE HÓRUS

Conhecido como o *indjat* ou *wedjet* pelos antigos egípcios, o Olho de Hórus era o símbolo do deus com cabeça de falcão Hórus e Rá, o deus Sol. Disseram que ele tem poderes curativos e protetores. Na verdade, existem dois olhos, o olho direito que está associado ao Sol e o olho esquerdo à Lua. Os dois olhos representam o equilíbrio entre a razão e a intuição, além de luz e escuridão.

DIREITA O Olho de Deus vela sobre a humanidade. O símbolo não é exclusivo da Maçonaria; ele muitas vezes está presente na arte cristã.

sim o Olho que Tudo Vê, a quem o Sol, a Lua e as Estrelas obedecem e sob cujo cuidado vigilante até Cometas realizam suas revoluções estupendas, penetra nos recessos mais íntimos do coração humano e nos recompensará de acordo com nossos méritos".

O livro de Webb apareceu bem mais de uma década após o Olho da Providência ser adotado como parte do simbolismo no verso do Grande Selo dos Estados Unidos. No selo, é cercado pelas palavras *annuit coeptis*, que, traduzidas aproximadamente, significam "ele é favorável ao nosso empreendimento". O Olho da Providência está posicionado acima de uma pirâmide inacabada, cujos 13 degraus representam os 13 estados originais e que antecipa o crescimento futuro da nação. Tomados em conjunto, a implicação é de que o Olho – ou Deus – favorece a prosperidade americana.

Em razão da propaganda antimaçônica ativa e constante, parece altamente improvável que a Maçonaria teve algo a ver com as origens do Grande Selo. Nenhum dos criadores do selo foi um maçom. Parece

DIREITA Um convite elaborado para reuniões da Loja que apresenta o Olho que Tudo Vê, o Sol, a Lua e as duas colunas do Templo do Rei Salomão. Todos são símbolos maçônicos.

provável que a má interpretação do Grande Selo como um símbolo maçônico tenha iniciado em 1884, quando Eliot Charles Norton, um professor de Harvard, escreveu que o verso "dificilmente pode ser visto como não sendo um emblema que vagamente remeta a uma fraternidade maçônica". A partir desse comentário aparentemente inócuo, uma elaborada teoria de conspiração maçônica cresceu, a qual é aceita por muitos ainda hoje.

Na verdade, embora a Maçonaria possa ter eventualmente adotado a noção do Olho que Tudo Vê, ele não é de forma alguma exclusivamente um símbolo maçônico. O olho dentro de um triângulo equilátero, ponta para cima ou ponta para baixo, frequentemente aparece na arte cristã, ao passo que a representação de um único olho era uma convenção artística bem estabelecida para uma "divindade onipresente e onisciente" nos tempos do Renascimento.

O Sol e a Estrela Flamejante

Na Maçonaria, o Sol e a Lua juntos representam sabedoria, poder e bondade, enquanto a Estrela Flamejante é um emblema da divindade e da ressurreição. Isto não é surpreendente, uma vez que um dos objetivos principais da Arte é orientar seus iniciados ao longo do caminho que leva à verdadeira luz. No entanto, referências nos escritos maçônicos a estes e outros fenômenos astronômicos levaram muitos a acreditar que a Maçonaria está ligada à Astrologia por meio de sua história, crenças e práticas. Nada poderia estar mais distante da verdade.

ACIMA A Terra, o Sol e a Lua estão presentes nesta moeda maçônica.

ACIMA Outra medalha maçônica destaca a Estrela Flamejante.

O Sol

Formas de ligar a Maçonaria aos rituais antigos e misteriosos de adoração do Sol começaram em algum momento no século XIX e persistem até os dias atuais. Em seu livro de 1977, *The Hiram Key*, por exemplo, Christopher Knight e Robert Lomas declaram:

ACIMA Um astrônomo do século XVII. O estudo dos astros é uma característica importante da Maçonaria.

"maçons hoje afirmam sempre se reunir simbolicamente ao meio-dia com base no fato de que a Maçonaria é uma organização mundial e, portanto, o Sol está sempre no seu meridiano no que diz respeito à Maçonaria. Referência maçônica a Deus como 'o altíssimo' é, portanto, uma descrição do Rá, o deus Sol dos antigos egípcios, em sua posição final, o zênite dos céus ao meio-dia". Da mesma forma, tentativas foram feitas para provar que algumas das palavras místicas no ritual maçônico são "puramente egípcias". Na verdade, no entanto, as origens dessas palavras nos remetem de volta ao hebraico antigo.

ACIMA De acordo com o ritual maçônico, uma compreensão das "leis do mundo estelar" é vital "para realizar um cálculo apropriado do tempo".

No entanto, existem na verdade ligações entre a Arte e a astronomia. Já cm 819 d.C., o Arcebispo de Mainz escreveu: "Astronomia ensina as leis do mundo estelar, que é construído em cima da investigação dos fenômenos naturais, a fim de determinar o curso do Sol, da Lua e das estrelas e realizar um cálculo apropriado do tempo". Isso é muito parecido com aquilo em que os maçons acreditam.

A Estrela Flamejante

Da mesma forma, os escritores antimaçônicos têm feito tentativas de vincular a Estrela Flamejante da Maçonaria com a adoração de Vênus e a participação em rituais ocultos. Isto, também, é incorreto. Junto com o Pavimento de Mosaico e a Orla Dentada, a Estrela

Flamejante é um dos Ornamentos da Loja e aparece brevemente nos rituais que acompanham a admissão ao Primeiro Grau.

A Estrela Flamejante tem um simbolismo duplo, similar àquele da Orla Dentada, que é a fronteira ou contorno que rodeia o pavimento. O primeiro é simples – a estrela simboliza o Sol – mas é de importância secundária. O propósito principal da estrela é simbolizar o Ser Supremo, lembrando-nos "da onipresença do Todo-Poderoso" e o fato de que "onde quer que estivermos reunidos, Deus está no meio de nós, vendo nossas ações e observando as intenções e desejos secretos de nossos corações". A estrela é identificada com a Estrela de Belém, que alertou os pastores sobre o nascimento de Jesus e guiou os Reis Magos pelo deserto para o local de nascimento.

ABAIXO Uma joia maçônica irlandesa do final do século XVIII apresenta a Estrela Flamejante e outros símbolos.

MAÇONS E O SOL

O Sol é uma das Luzes Menores da Maçonaria. Como fonte de luz, é um lembrete para os maçons se esforçarem para a iluminação intelectual. Esta é uma das razões pelas quais todas as cerimônias em Lojas maçônicas são realizadas de frente para o Oriente. O ritual maçônico proclama que "assim como o Sol nasce no Oriente para abrir e governar o dia, da mesma forma o Venerável Mestre se levanta no Oriente para abrir e governar sua Loja". Juntamente com a Lua, que rege e governa a noite, o Sol representa as forças vivas da Natureza, que devem estar em equilíbrio para que ela exista.

A Lua

No ritual maçônico moderno, a Lua é a segunda das Luzes Menores da Maçonaria. Seu lugar no panteão maçônico vem primeiro do L*ivro do Gênesis*, no qual é relatado como, no quarto dia da criação, Deus "fez duas grandes luzes, a luz maior para governar o dia e a luz menor para governar a noite". Ela também está ligada à prática da alquimia na Idade Média, pois foram os alquimistas que primeiro deram à Lua um significado simbólico e ritualístico. Para eles, ela representava a prata e era usada para descrever esse metal em seus escritos secretos.

ACIMA Para os alquimistas, a Lua era um símbolo do metal prata. Para os maçons, no entanto, é a segunda das Luzes Menores da Loja.

ACIMA Para os maçons, a Lua é um símbolo de regularidade, associado com a maneira por que as fases da Lua são usadas para medir a passagem do tempo.

Na alquimia, desenhos estilizados do Sol e da Lua com rostos humanos estavam entre as imagens mais frequentemente utilizadas. Painéis maçônicos antigos usaram praticamente os mesmos símbolos, por isso está claro que, neste caso pelo menos, os primeiros maçons especulativos tinha uma dívida com seus antecessores, mesmo que não haja ligações diretas entre a Arte e o precursor da

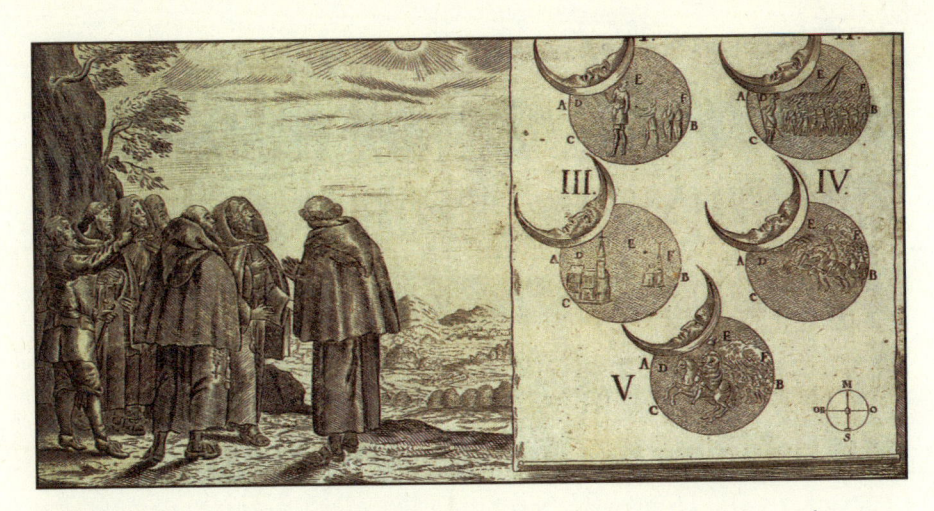

ACIMA Observando as fases da Lua. Foram os alquimistas medievais que deram à Lua importância gráfica e ritualística.

ciência moderna. Outras imagens que são usadas na Maçonaria, como representações do Prumo, Esquadro, Nível, Pedra Bruta e Pedra Polida, da mesma forma fizeram suas primeiras aparições documentadas em textos alquímicos.

As luzes menores

As referências ao Sol, à Lua e ao Venerável Mestre da Loja como as três Luzes Menores da Maçonaria parecem ter se originado na chamada Grande Loja Antiga na Inglaterra, depois da separação com a original Primeira Grande Loja, que teve lugar em meados do século XVIII. A Maçonaria Americana, em particular, foi rápida em adotar a interpretação dos Antigos.

Na cerimônia de iniciação do Primeiro Grau, a Lua é identificada como a governante bíblica da noite. Em um contexto simbólico mais geral, ela também está associada ao Primeiro Vigilante da Loja, que está posicionado a Oeste do Venerável da Loja durante esses rituais. De acordo com alguns comentaristas maçônicos, assim como a luz da Lua é um reflexo daquela do Sol, o Primeiro Vigilante reflete a luz do Venerável Mestre da Loja. Neste contexto, também é importante que o Segundo Diácono, que atua como mensageiro

ACIMA A Lua humanizada rodeada de estrelas muitas vezes aparece nos Painéis maçônicos.

ALQUIMIA E MAÇONARIA

Os alquimistas foram um grupo de místicos que surgiram em torno do século XII, e os precursores dos químicos modernos. Uma de suas crenças fundamentais era de que metais comuns, como o chumbo, poderiam ser transformados em metais preciosos. Mas eles também eram filósofos, que usaram símbolos e desenhos extensivamente em seus ensinamentos. Grande parte do simbolismo gráfico na Maçonaria, como as imagens do Prumo, Esquadro, Nível, Pedra Bruta e Pedra Polida, deve sua existência a textos e escritos alquímicos mais antigos.

do Primeiro Vigilante dentro da Loja, use o Esquadro e o Compasso, incluindo a Lua como sua joia maçônica.

LOJAS LUNARES

A Lua tem uma relevância prática assim como simbólica na Maçonaria, embora, talvez paradoxalmente, isso só tenha aumentado a confusão que existe entre muitos não maçons em relação ao seu significado maçônico. De volta aos primeiros dias da Arte, ela era literalmente um farol que os maçons poderiam usar para ajudá-los a encontrar o caminho de casa no escuro após as reuniões da Loja, particularmente nas áreas rurais. Portanto, a prática de realizar reuniões da Loja durante a semana de Lua Cheia cresceu. Essas Lojas se tornaram conhecidas como Lojas lunares.

A partir daí, é fácil ver como a noção de maçons como adoradores da Lua poderia ter surgido. Agora, no entanto, o número dessas Lojas está em declínio acentuado, assim como a necessidade de definir a data das reuniões de acordo com as fases da Lua, em vez de dias fixos, desapareceu.

Os Globos

Existem dois globos associados aos ritos da Arte. Maçons acreditam que as origens desses globos podem ser traçadas até as colunas gêmeas que ficavam na entrada do Templo do Rei Salomão, um globo repousando sobre cada uma delas. O globo celeste simbolizava a parte espiritual da natureza humana, enquanto o globo terrestre simbolizava o lado material. Sua presença em Lojas maçônicas hoje enfatiza que a crença na Maçonaria é universal.

ESQUERDA Sistema de Tycho Brahe das órbitas planetárias. A primeira referência à astronomia na Maçonaria vem no Manuscrito Cooke, uma das Antigas Obrigações.

DIREITA A situação da Terra nos céus – outra maneira de enfatizar a universalidade da Arte.

ACIMA Globos dos tipos encontrados em muitas Lojas maçônicas no início do século XIX. Eles estavam sempre em pares – um celestial e outro terrestre.

De acordo com a instrução maçônica tradicionalmente ministrada sobre o tema do Segundo Painel, houve "duas grandes colunas que foram colocadas no pórtico de entrada no lado Sul... elas foram forjadas ocas, para melhor servir de arquivos para a Maçonaria, porque ali foram depositados os Rolos Constitucionais... essas colunas foram enfeitadas com dois capitéis... com duas esferas, nas quais foram delineados mapas dos globos celestes e terrestres, apontando para a 'Maçonaria Universal'". É uma bela descrição, mas puramente mitológica.

Infelizmente, não há absolutamente nenhuma prova de que globos estavam em cima das colunas de Salomão – ou, na verdade, que elas eram ocas – embora se acredite ser possível que poderiam ter sido decoradas com fruteiras de bronze, sendo que o propósito exato para isto permanece desconhecido. Na verdade, não há sequer uma menção das colunas nas Antigas Obrigações, embora Salomão e Davi, seu pai, sejam nomeados entre as pessoas que "amavam bem os maçons".

Globos foram adotados como complementos nos topos das colunas em algum momento durante o século XVIII, mas não há nenhuma evidência para mostrar que eles formaram qualquer parte do catecismo ou ritual maçônico antes de cerca de 1745. Foi então que, ao que parece, as esferas ou globos primeiro começaram a aparecer nos desenhos do piso maçônico e nos Painéis. No que diz respeito às colunas de Salomão, os primeiros registros de globos aparecendo sobre elas datam a partir das décadas de 1760 e 1770.

Independentemente de quando isso aconteceu, a introdução dos dois globos surgiu lentamente e não foi de forma consistente. Às vezes, os globos apareciam separadamente em suportes de quatro pernas ou tripés à esquerda e à direita do pedestal do Venerável da Loja. Parece que, em muitas Lojas, os globos se tornaram uma parte do equipamento da Loja por mérito próprio, enquanto em outras, eles não encontraram lugar algum.

> **PRESTON E OS GLOBOS**
>
> Foi William Preston, em seu livro *The Illustrations of Masonry*, publicado pela primeira vez em 1775, quem primeiro fez referência detalhada e específica aos globos terrestres e celestes. Ele os definiu como "os instrumentos mais nobres para nos dar a ideia mais distinta de quaisquer problemas ou proposições, bem como para nos permitir resolvê-los". Ele continua sua definição para enfatizar a moral a ser aprendida a partir do estudo dos globos. Simbolicamente, os seus significados incluem os de sabedoria e de compreensão.

GLOBOS E MAPAS

Também parece provável que a tradição de globos contendo mapas celestes e terrestres é originária do fim do século XVIII, em vez de ser bíblica. Em sua edição de 1775, *The Illustrations of Masonry* lida até certo ponto com a natureza dos globos, as lições espirituais e morais a serem aprendidas com eles, bem como a importância da astronomia na Maçonaria, mas até 1802 não há qualquer confirmação de que mapas apareçam neles, e de que esses mapas tenham algum papel no simbolismo, alegoria ou ritual da Maçonaria.

O Pavimento Mosaico

O Pavimento é um dos três ornamentos de uma Loja Maçônica, junto com a Estrela Flamejante e a Orla Dentada. O Pavimento em si consiste em um padrão incrustado de pequenos quadrados brancos e pretos alternados, para sugerir elementos dualistas de dia e noite. Opiniões quanto ao significado simbólico mais profundo do Pavimento diferem — alguns acreditam que é emblemático da vida humana, enquanto outros acham que representa os dois lados de tudo, como preto e branco, ativo e passivo, ou fácil e difícil.

Na Maçonaria, o Pavimento Mosaico é antes de tudo uma representação do piso térreo do Templo do Rei Salomão. Tentativas foram feitas para traçar suas origens de volta ao tempo dos antigos egípcios. Em *Mysteries of Freemasonry*, por exemplo, dizem que o termo "mosaico" é derivado da palavra egípcia que significa "salvo ou li-

ESQUERDA Uma descrição de um templo antigo, com uma abundância de imagens maçônicas em torno da entrada e uma variação inicial do Pavimento Maçônico.

ACIMA Este Painel de Loja mostra o Pavimento Mosaico e a ideia de progresso rumo a uma eventual iluminação.

vre das águas", que era usada para descrever os nove meses do ano nos quais o Nilo não inundava. A aparência variegada da terra durante o início desta temporada, com campos de cereais cruzados em intervalos regulares por canais de irrigação, foi reproduzida na arquitetura do templo pelo pavimento em mosaico, e a mesma palavra foi naturalmente usada para descrevê-lo.

INTERPRETANDO O SIMBOLISMO

Na linguagem maçônica, o Pavimento Mosaico é chamado de "o belo piso" da Loja, a orla dentada é "o babado" e a Estrela Flamejante é "a glória no centro". Dizem que o próprio Pavimento representa os aspectos terrenos da existência da humanidade, além dos testes

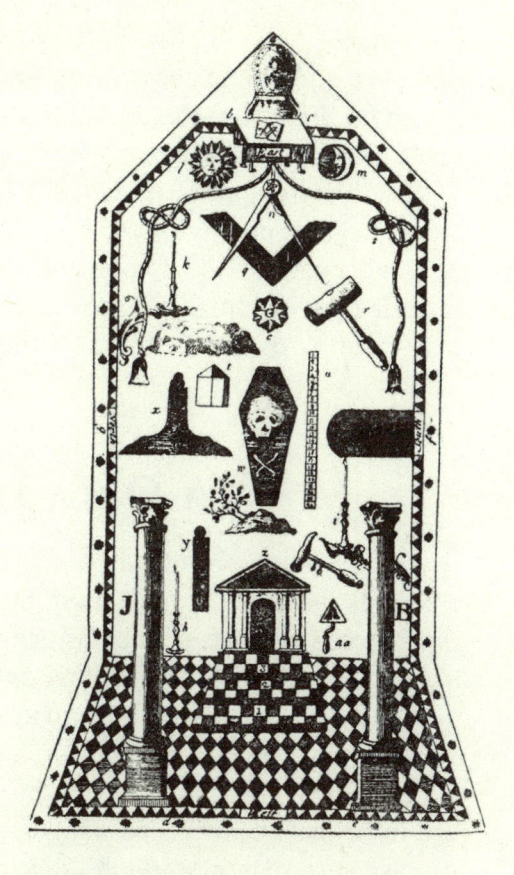

ACIMA Este Painel de Loja mostra o Pavimento Mosaico com as duas colunas do Templo em primeiro plano.

INTERPRETANDO OS QUADRADOS

Explanações do que o Pavimento Mosaico simboliza variam. A visão padrão é de que ele é emblemático da vida humana, contrastada com o bem e o mal. Outros sustentam a visão de que os quadrados representam o dia e a noite.

e tribulações da vida cotidiana. É chamado de "belo", porque é variegado e xadrez em cores e *design*, como um lembrete da sequência eterna do dia e da noite, bem como da natureza variada dos objetos que decoram e embelezam a Criação como um todo.

Várias interpretações têm sido propostas para explicar o simbolismo inegável do Pavimento Mosaico. Alguns dizem que ele simboliza "a vida contrastada do homem" e alguns que "representa uma vida feita de bem e de mal". Outros sustentam que ele mostra "as alegrias e as tristezas da vida". Talvez a melhor explicação é que ele é uma síntese dos opostos.

A Orla Dentada

A orla ou borda em mosaico que envolve o Pavimento Mosaico é chamada de Orla Dentada. Essa borda, de acordo com comentários maçônicos, simboliza "aquelas bênçãos e confortos que nos rodeiam e que esperamos obter por uma confiança fiel na Divina Providência, que é representada figurativamente pela Estrela Flamejante no centro".

No que é denominado o seu aspecto menor, a Orla Dentada refere-se aos planetas em suas órbitas em torno do Sol, mas, em seu aspecto mais importante, diz respeito ao dossel de estrelas que envolve o Universo. O que o simbolismo enfatiza é a insignificância inerente da humanidade, se ela não for guiada pela força e sabedoria do Ser Supremo.

Escadas e Escadas de Mão

Desempenhando um papel importante nos rituais que acompanham a admissão ao Segundo Grau, a escada em espiral representa os instintos do homem em erguer-se, superar-se e explorar o desconhecido. Dizem que subir a escadaria marca o seu progresso ao longo do caminho espiritual, conforme ele expande e descobre como usar integralmente suas faculdades intelectuais. A Escada de Jacó aparece na cerimônia de iniciação ao Primeiro Grau. Ela simboliza as lições aprendidas na vida que, se devidamente empregadas, aumentam a soma de nosso conhecimento. A escada deriva seu nome e simbolismo da visão de Jacó de uma escada que conduz para cima em direção ao céu, como relatado em *Gênesis*.

ACIMA Neste Painel de Loja do Segundo Grau, a escada, com formato em caracol, leva ao santuário interior do Templo Maçônico.

Para um candidato a Companheiro, a Escada em Caracol é um sinal de que é hora de embarcar na busca da verdade divina. Enquanto ele sobe as escadas, faz duas pausas. Durante a primeira delas, ele aprende sobre a "organização peculiar" da Ordem Maçônica. A intenção é lembrar o iniciado da união dos homens em sociedade, as bênçãos da civilização e os frutos da virtude. Quando ele pausa pela segunda vez, recebe instruções sobre os sentidos humanos e arquitetura. A primeira simboliza cultivo intelectual, enquanto a segunda o faz lembrar-se da necessidade de cultivar o conhecimento prático.

ACIMA Uma joia irlandesa em prata do fim do século XVIII. Na maioria dos Antigos Mistérios, a escada era um símbolo de progresso.

De acordo com o ensinamento maçônico, o iniciado está embarcando na subida tortuosa em direção à meta de realização. Ninguém pode ver com antecedência o que está no topo de uma escada em caracol – a subida deve ser concluída a fim de se descobrir. Por isso, há também o desafio do desconhecido para ser superado.

A Escada de Jacó

Provavelmente introduzida na Maçonaria Especulativa, em meados do século XVIII, na Inglaterra (a escada não aparece na Maçonaria continental), a Escada de Jacó pode ter vindo do Hermetismo, onde era um símbolo familiar. Cada um dos degraus tem um significado – o primeiro simboliza Justiça, o segundo Igualdade, o terceiro Bondade, o quarto Boa-Fé, o quinto Trabalho, o sexto Paciência e o sétimo Inteligência. Outra interpretação é que eles representam Justiça, Caridade, Inocência, Doçura, Fé, Firmeza e Verdade. Tomado como um todo, o simbolismo parece apontar para a ligação entre a fé e o céu, ou, como é declarado no ensinamento maçônico, "Fé em Deus, Caridade a Todos os Homens e Esperança na Imortalidade".

Há duas explicações sobre o porquê de haver um número ímpar de degraus. De acordo com o arquiteto e escritor romano Vitrúvio, a

ABAIXO Na Bíblia, um Jacó cansado se deita e sonha com uma escada de mão ou escada alcançando o céu. Na Maçonaria, tanto os degraus quanto o todo são simbólicos.

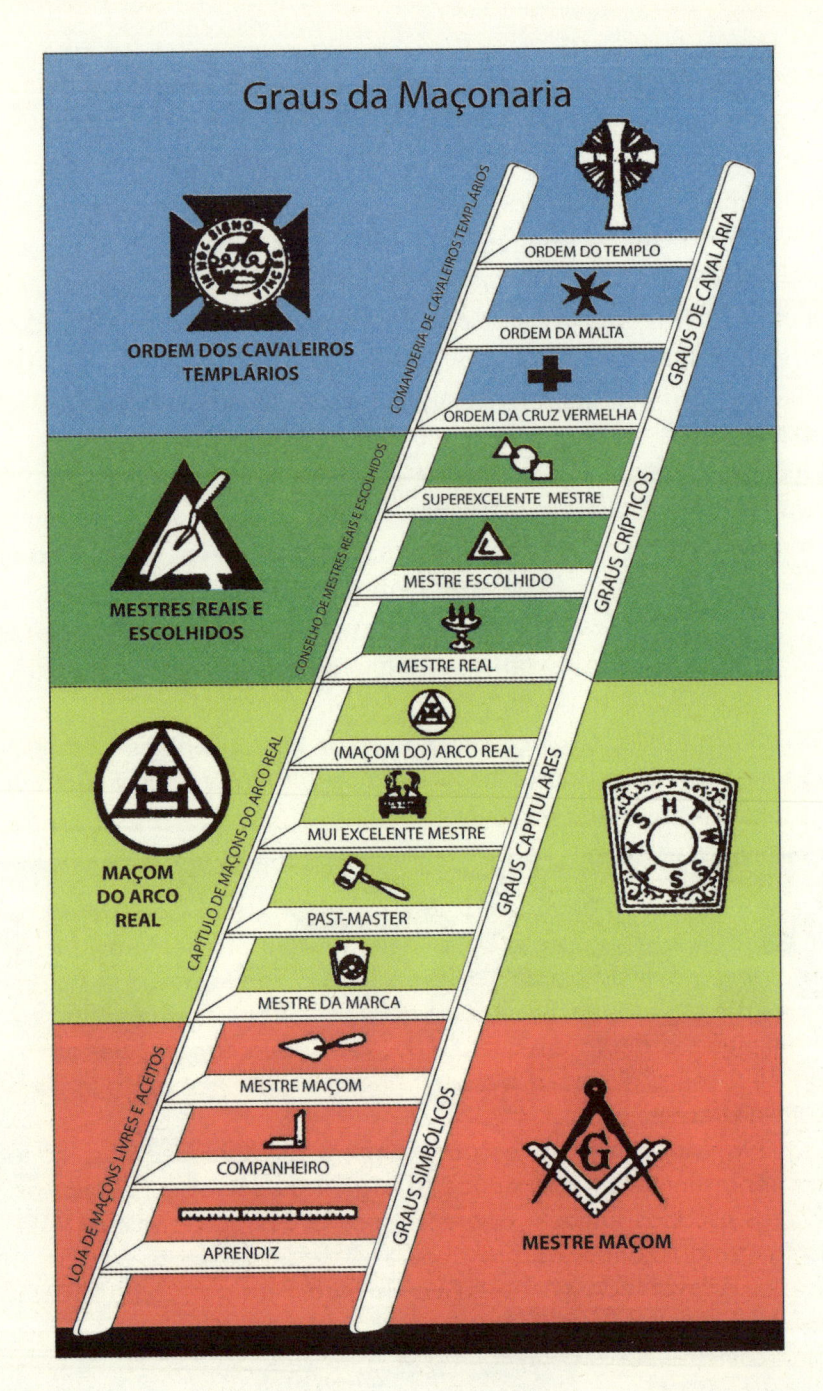

ACIMA Os Graus da Maçonaria, de um Aprendiz na parte inferior para a Ordem do Templo no topo.

maioria dos templos mais antigos tinha um número ímpar de degraus. A noção era de que, qualquer um que subisse os degraus, necessariamente chegaria ao topo com o mesmo pé com o qual havia começado na parte inferior. Isto era considerado um bom presságio. Também poderia ser porque, no sistema pitagórico, números ímpares eram considerados mais perfeitos do que os pares, por isso o uso de degraus ímpares simbolizava o estado de perfeição que um iniciado no Primeiro Grau deveria atingir.

DIREITA Joias irlandesas maçônicas. As escadas mostradas representam a fé em Deus, a caridade e a esperança de imortalidade.

O SONHO DE JACÓ

Em seu sonho, de uma escada que liga a Terra ao Céu, Deus prometeu a Jacó a sua proteção e confirmou sua promessa a Abraão de que o povo escolhido possuiria toda a Terra, desde o Rio Eufrates até o Sudoeste. Jacó comemorou o sonho, transformando em monumento a pedra em que ele descansou sua cabeça, derramando óleo sobre ela para marcar o lugar onde ele sabia que Deus estava presente.

Na Maçonaria, a escada sempre tem sete degraus, cada um representando uma virtude teológica ou social em particular. Outras escadas também aparecem nos Graus adicionais da Arte. Uma, simbolizando as provações e agonias sofridas por Jesus Cristo, é levantada na busca da Palavra Perdida. Outra escada misteriosa se refere aos deveres morais de um maçom com Deus, seus semelhantes e a humanidade como um todo, enquanto uma terceira determina as sete ciências e artes liberais que todos os maçons são obrigados a seguir.

O Esquife e o Crânio

Para polemistas antimaçônicos, a presença de um esquife e um crânio no panteão simbolista mais do que justifica a afirmação de que a Maçonaria é basicamente herege e até satânica em inspiração, tendo suas raízes no paganismo e no ocultismo. Por que, perguntam eles, os maçons devem utilizar um símbolo cujo significado clássico, como é o caso da caveira e ossos cruzados, é a morte, veneno ou perigo? Por que eles precisam de um símbolo de mortalidade? Esses pontos de vista, no entanto, são baseados em uma má interpretação básica do que a Maçonaria é e qual o significado e o propósito real de seus rituais.

ACIMA O Crânio e os Ossos Cruzados fizeram sua aparição na Maçonaria francesa como um símbolo da morte e da mortalidade.

ESQUERDA De *The Perfect Ceremonies of Craft Freemasonry*, 1874, a figura ilustra a Abertura da Loja no início da cerimônia de iniciação do Terceiro Grau, em que o esquife é proeminente.

A Maçonaria não é uma religião e não promove nenhuma doutrina ou dogma como polemistas antimaçônicos queriam que as pessoas acreditassem. A "procura de luz" é uma referência à busca contínua dos maçons por conhecimento, em vez de salvação. Embora a Arte promova a esperança da ressurreição, ela não ensina essa crença.

O ritual que governa a admissão ao Terceiro Grau – este é o lugar onde o Esquife e o Crânio aparecem – inclui referências à "imortalidade da alma", mas esta é apenas uma alusão poética. Na verdade, a Maçonaria ensina que a morte é um "véu misterioso que o olho da razão humana não pode penetrar" e apoia a esperança, e não a promessa, da ressurreição.

ACIMA Um Painel do Terceiro Grau ajuda iniciados a entender o significado do ritual de admissão.

Local no ritual

Como muitos símbolos maçônicos, o Esquife e o Crânio parecem ter feito sua primeira aparição em algum momento no século XVIII. Certamente, o Esquife é retratado nos Painéis da época. Ele simboliza a morte (o crânio e os ossos cruzados, encontrados originalmente na Maçonaria francesa, têm o duplo simbolismo da morte e da mortalidade). Sua função é atuar como símbolos durante o ritual de encenação do assassinato de Hiram Abiff nos ritos

ACIMA Um selo maçônico do século XIX, mostrando um crânio, ossos cruzados, esquife e planta de acácia.

que acompanham a iniciação no Terceiro Grau. Neles, "o Malhete é aquele pelo qual o nosso Grão-Mestre foi morto, a Pá que cavou sua sepultura; o Esquife que recebeu seus restos sem vida, e o Ramo de Acácia que floresceu na cabeceira da sua sepultura".

De acordo com Harold Waldwin Percival em *Masonry and its Symbols in the Light of "Thinking and Destiny"*, de 1952, o processo começa com uma introdução pelo Venerável Mestre da Loja. Em seguida, o olhar do iniciado "é dirigido para baixo na escuridão de uma cova aberta. Dentro está um crânio humano descansando em um par de fêmures cruzados". Esta parte do ritual termina quando o candidato é informado de que: "Mesmo neste quadro perecível, reside um princípio vital e imutável, que inspira uma confiança sagrada de que o Senhor da Vida vai nos permitir pisar no Rei dos Terrores sob nossos pés e levantar os olhos para aquela estrela brilhante da manhã, cuja ascensão traz paz e tranquilidade aos fiéis e obedientes da raça humana".

A lição da lenda não é ressurreição, no entanto. É a constância e fidelidade de Hiram Abiff antes de sua morte que são significativas, não o que aconteceu depois disso. Esse é o pano de fundo para os vários sinais secretos, apertos de mão e códigos pelos quais um Mestre Maçom é identificado.

> **PALESTRA DO TERCEIRO GRAU**
>
> O Esquife, o Malhete (martelo) e a Pá aparecem todos na palestra do Terceiro Grau. O Malhete é "um símbolo dessas casualidades e doenças pelas quais nossa existência terrena pode ser terminada", enquanto a Pá e o Esquife "são símbolos impressionantes da moralidade e permitem uma reflexão séria para uma mente pensante". A palestra se encerra com uma ordem para "saudar a Morte tirana e cruel e recebê-la como uma gentil mensageira do nosso Supremo Grão-Mestre".

Espadas e Punhais

No século XVIII, as espadas eram consideradas uma parte da vestimenta de todos os dias — pelo menos, para os cavalheiros — por isso não é surpreendente descobrir que elas estão presentes nos rituais maçônicos que estavam sendo estabelecidos durante esse período. Hoje, no entanto, o uso de uma espada como parte da vestimenta maçônica se limita aos Graus avançados de ordens, como o Rito de York. Na Loja Azul ou Maçonaria Simbólica seu aparecimento, exceto como um símbolo, é proibido.

Como um símbolo, a Espada tem uma dualidade clássica. Na maioria das culturas, qualquer arma simboliza poder, mas esse poder pode ser utilizado de diferentes maneiras. Por um lado, ela pode matar e destruir, mas, por outro, pode proteger, defender e combater a injustiça. É por isso que as espadas são muitas vezes simbolicamente de dois gumes. Elas também estão intimamente ligadas à luz. Os Cruzados costumavam chamá-las de "fragmentos da Cruz de Luz".

ESQUERDA Espada cerimonial maçônica marcada de forma elaborada. Ao longo da história, as espadas têm sido instrumentos de justiça, verdade, igualdade e firmeza. Estão presentes simbolicamente em muitas cerimônias maçônicas.

ACIMA No desenho desta medalha maçônica, a espada da verdade e da justiça está descansando sobre o altar, diretamente abaixo da Estrela Flamejante.

O LIVRO DAS CONSTITUIÇÕES

Guardado pela espada do Cobridor, o *Livro das Constituições* lembra aos maçons que "devemos estar sempre alertas e cautelosos em nossos pensamentos, palavras e ações, especialmente quando estivermos perante os inimigos da Maçonaria, sempre tendo em mente essas virtudes verdadeiramente maçônicas, silêncio e prudência".

A ESPADA DO COBRIDOR

Tradicionalmente, a espada do Cobridor deve ter uma lâmina ondulada, porque é considerada um símbolo da espada flamejante que, segundo o *Gênesis*, foi colocada no leste do Jardim do Éden para proteger a Árvore da Vida. Nunca deve ser embainhada, porque na Maçonaria é dever do Cobridor manter todos os "profanos e bisbilhoteiros" fora

ACIMA Uma cerimônia de iniciação ao Primeiro Grau do século XIX, em que um punhal é pressionado contra o peito do candidato enquanto ele está sendo questionado.

da Loja em todos os momentos. É também uma lembrança perpétua de que nada indigno deve ser permitido dentro do santuário da Loja, alem do fato de que, para cada maçom, o Cobridor e sua espada em punho simbolizam a necessidade de estar perpetuamente em guarda contra a aproximação de pensamentos e atos indignos, e de sempre lembrar as virtudes maçônicas em face de inimigos. Ele também é o guardião do *Livro das Constituições*.

O PUNHAL NO RITUAL

Punhais têm uma parte específica a desempenhar no ritual de iniciação maçônica. Quando um candidato para o Primeiro Grau chega à Loja, ele encontra a porta protegida por um guarda com uma espada, que bate na porta com o punho de sua espada desembainhada, para pedir permissão para o candidato entrar. O candidato é então encapuzado – os olhos vendados – e vestido com um par de calças folgadas e uma túnica branca. Ele usa um chinelo, está descalço no pé esquerdo e sua perna esquerda está à mostra até o joelho; do lado esquerdo, a túnica está empurrada para trás para expor seu peito. Todos os objetos de metal que ele pode estar carregando são retirados dele. Uma forca é então colocada em volta do pescoço do candidato e ele é conduzido, ainda de olhos vendados, para dentro da Loja. Lá, a ponta de um punhal é pressionada contra o peito, enquanto ele passa por um questionamento ritual. Quando isto acaba, a ponta do punhal é removida, o candidato se ajoelha e uma oração é entoada. A cerimônia de iniciação continua então por meio de suas várias outras etapas, incluindo as habituais três perambulações em torno da Loja, até a sua conclusão.

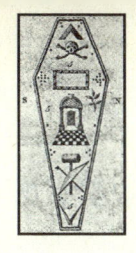

Formas Geométricas

Dada a obsessão da Maçonaria com o trabalho de Pitágoras e Euclides e com a geometria em geral, não é de se surpreender que as formas geométricas possuam um lugar de destaque no simbolismo maçônico. Os maçons sempre acreditaram que a Arte e a Geometria estão interligadas e que uma compreensão adequada desta última fornece os meios para a compreensão da primeira. Esta crença data pelo menos desde os dias das Antigas Obrigações. Um documento de 1583 afirma que a Geometria "ensina a um homem o limite e a medida da terra e de todas as outras coisas".

ACIMA Esta imagem do século XVIII inclui uma referência ao teorema de Pitágoras no centro.

Muito mais tarde, a autoridade maçônica Thomas Smith Webb escreveria: "Geometria, a primeira e mais nobre das ciências, é a base sobre a qual a superestrutura da Maçonaria é erguida. Pela geometria, podemos traçar curiosamente a Natureza desde suas várias sinuosidades até seus nichos mais escondidos. Por meio dela, descobrimos o poder, a sabedoria e a bondade do Grande Artífice do Universo e vemos com prazer as proporções que ligam esta vasta máquina".

O RETÂNGULO

Um dos elementos mais importantes do Painel da Loja é o retângulo delimitador, cujas proporções seguem os preceitos da "proporção áurea" ao pé da letra, e é uma das principais características da geometria conforme originada pela escola pitagórica. Na sua forma mais simples, a proporção áurea, ou razão, é um retângulo simples cujas proporções representam uma sequência matemática.

O TRIÂNGULO

Na Maçonaria, um triângulo pode ser formado a partir dos três caracteres hebraicos "He" ou os três 5s (cincos). O símbolo tem várias interpretações possíveis, a primeira das quais é mística. Desde os tempos antigos, o triângulo equilátero era um emblema de Deus e um símbolo de perfeição, que só pode ser alcançada passando pelo Vale da Sombra da Morte. É por isso que o vértice do triângulo aponta para baixo. Da mesma forma, a soma dos três

DIREITA Os três "Hes" formam um triângulo invertido. A soma dos três é 15, simbolizando o nome de Deus. Na interpretação profana, o primeiro caractere está no ápice, e o segundo e terceiro são representados em sentido horário.

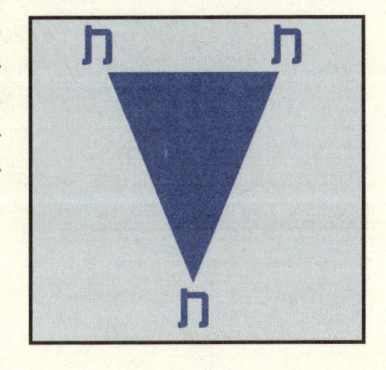

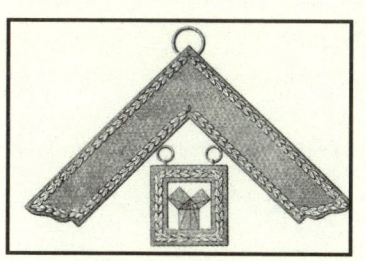

ESQUERDA A Joia de um Past-Master mostra a importância do teorema de Pitágoras e das proposições de Euclides na Maçonaria.

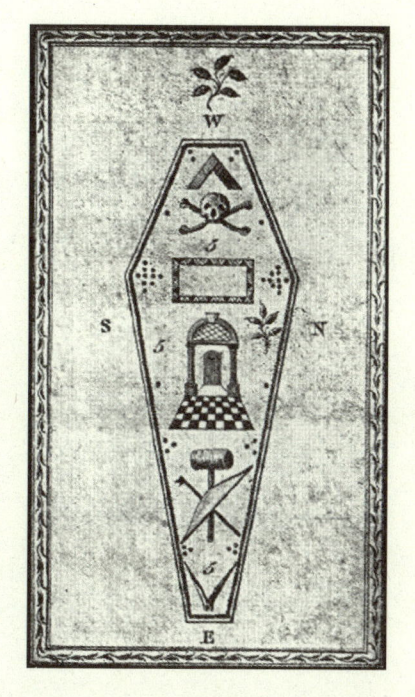

DIREITA O Painel do Terceiro Grau ou Grau de Mestre Maçom possui um retângulo incluso, cujas proporções estão em conformidade com a "proporção áurea".

"hes" que formam o triângulo é 15, considerado um número sagrado que simboliza o nome de Deus.

A interpretação temporal está relacionada ao indivíduo em seu ambiente natural e às suas obrigações e deveres cívicos. O primeiro caractere do triângulo representa os cinco elementos – terra, ar, água, fogo e éter. O segundo representa os cinco sentidos e o terceiro refere-se à responsabilidade moral pela qual todos os maçons devem ajudar colegas maçons em momentos de dificuldade e devem apoiá-los em seus empreendimentos. Há também três possíveis interpretações comuns que aparecem na Maçonaria. Na primeira, os três "Hes" são as letras iniciais dos três Hirams, ou Hirãos, que ajudaram o Rei Salomão no planejamento, fornecimento de matérias-primas e construção de seu Templo. Na segunda, os caracteres se referem aos 15 artesãos de confiança que foram enviados pelo rei para procurar Hiram Abiff em três grupos de cinco, depois de ele desaparecer. Finalmente, os maçons especulativos acreditam que os caracteres representam os cinco pontos perfeitos de entrada nos Três Graus – Toque, Preparação, Obrigação, Sinal e Palavra.

MARCAS GEOMÉTRICAS DE MAÇOM

Foi sugerido que, quando um grande edifício fosse planejado, um complexo "diagrama mãe" fosse desenhado e Marcas de Maçom alocadas para os maçons empregados – representadas por formas geométricas. Um arquiteto vienense, Franz Rziha, afirmou ter encontrado evidências de Marcas de Maçom em cidades alemãs e austríacas e publicou suas descobertas no fim do século XIX.

Cidades Simbólicas

Originalmente, os maçons foram uma organização de mestres construtores, unidos por seu conhecimento bem guardado das "ciências terrenas e divinas" da arquitetura. A compreensão de como uma estrutura terrena foi construída daria a sabedoria para a construção de um templo espiritual dentro da alma. Previsivelmente, a realização maçônica em planejar e edificar tem sido considerável. Embora haja pouca evidência de planos diretores maçônicos para construir cidades, há alguns que afirmam que as formas simbólicas feitas pelo posicionamento de ruas indicam que o planejamento maçônico esteve em operação.

Se for para acreditar na propaganda antimaçônica, o maior golpe da Maçonaria foi ditar o planejamento e construção de Washington DC como a capital dos recém-independentes Estados Unidos. Infelizmente, não foi o caso. É verdade que muitos dos arquitetos da cidade

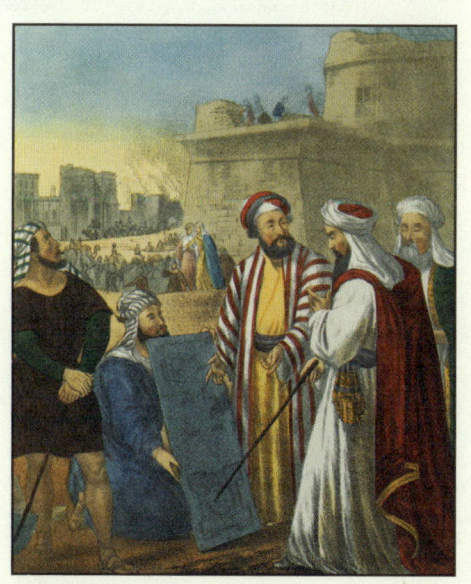

A TORRE DE BABEL

De acordo com o *Livro do Gênesis*, foram os descendentes de Noé que tiveram a ideia de construir uma grande torre ou zigurate, "cujo cume pudesse alcançar o Céu". Seu objetivo era "fazer o nosso nome famoso", mas Deus confundiu suas línguas e a torre foi abandonada.

ACIMA Planejar a cidade e a torre de Babel. Esta foi muito provavelmente uma empreitada maçônica, embora não haja evidências históricas para apoiar essa crença.

DIREITA Arquitetos maçônicos. A noção de que os maçons construíram as cidades do mundo antigo, como sugerido aqui, era uma ideia especulativa comum na Maçonaria do século XVIII.

no século XIX e início do século XX eram maçons. No entanto, apesar do fato de George Washington, que incumbiu Pierre Charles L'Enfant de elaborar o plano original para a cidade em 1791 e posteriormente aprovou o plano de ruas sugerido por Andrew Ellicott e Benjamin Bannaker, ter sido maçom, nenhum desses arquitetos foi membro da Arte.

A noção de que alguma grande conspiração maçônica está por trás do planejamento da cidade parece resultar do livro de Michael Baigent e Richard Leigh de 1989, *The Temple and the Lodge*. Nesse título, eles afirmam que Washington e Thomas Jefferson interferiram no trabalho de L'Enfant para impor um par de formas octogonais ao redor da Casa Branca e do Capitólio. Não há provas documentais para apoiar a alegação. O que parece mais provável é que os pais fundadores da cidade foram mais inspirados pelos desenhos de André Le Nôtre para o palácio de Versalhes e os planos não executados de *Sir* Christopher Wren para Londres do que pela Maçonaria. Os planos de L'Enfant apresentavam dois pontos focais – o Capitólio e a Casa Branca –, enquanto as avenidas axiais expansivas e a arquitetura monumental empregadas foram concebidas como um monumento ao "Cidadão Virtuoso na Nova República".

A característica decisiva no posicionamento dos principais edifícios foi a topografia. As interseções da Massachusetts Avenue, Rhode Island Avenue, Connecticut Avenue, Vermont Avenue e K Street NW, de fato, formam uma estrela de cinco pontas. No entanto, é muito mais provável que isto tenha sido coincidência do que uma conspiração maçônica.

UMA CIDADE MAÇÔNICA

A história é diferente em Sandusky, Ohio, que é a única cidade do mundo que se sabe que tenha sido planejada de acordo com um plano diretor maçônico. Hector Kilbourne, o primeiro Venerável da *Science Lodge nº 50*, foi o agrimensor que elaborou o plano da cidade em 1818. Ele teve um grande cuidado para posicionar as ruas de modo a formar uma imagem do Esquadro e do Compasso. De fato, seu plano para a cidade como um todo tem sido comparado a uma representação de uma Bíblia aberta, com o Esquadro e o Compasso nas posições em que eles estariam na abertura de uma reunião de uma Loja Maçônica. Alguns dos nomes de ruas homenageiam estadistas e outros membros proeminentes do país na história dos Estados Unidos.

ACIMA As ruas da cidade de Sandusky, Ohio, são definidas de acordo com um plano piloto maçônico do início do século XIX, de modo que elas formam uma imagem do Esquadro e do Compasso.

Livro, Abelhas e Colmeia

O Livro Aberto é uma introdução relativamente recente à Maçonaria; enquanto as Abelhas e a Colmeia têm origens muito mais antigas, o Livro é parte do simbolismo ligado à história da Coluna Partida, que a maioria das autoridades maçônicas concorda que tenha surgido, inicialmente, em *True Masonic Chart*, compilado pelo maçom americano Jeremy Cross, em 1819.

A Coluna Partida e o Livro Aberto

A noção da Coluna Partida surgiu depois que Jeremy Cross encontrou ou imaginou existir uma deficiência nos rituais do Terceiro Grau e decidiu corrigi-la. A ideia de como essa correção poderia ser feita lhe veio quando um amigo comentou que era costume erigir um monumento para perpetuar a lembrança de pessoas notáveis, depois de seu falecimento. Cross aceitou a sugestão, e foi buscar a ideia para sua imagem simbólica no monumento que, logo depois de sua morte

ESQUERDA O Livro Aberto. Dizem que o livro está aberto sobre a Coluna Partida, de modo que as virtudes de Hiram Abiff estão sobre o registro perpétuo.

ABAIXO Uma estátua da Coluna Partida com o Pai Tempo confortando a Virgem que Chora. Ela está segurando uma folha de acácia simbolizando a esperança.

na batalha contra os ingleses, em 1813, havia sido erigido ao herói naval americano, Comodoro Lawrence, no Trinity Churchyard, de Nova York. Cross decidiu colocar, sobre a coluna, uma formosa Virgem – emblema da Inocência, a chorar sobre um Livro Aberto que ela lia, livro esse que, presumivelmente, relatava a história da vida de Hiram Abiff. Diz-se, também, que a Coluna Partida representa a morte intemporal de Hiram Abiff e o inacabado Templo de Salomão.

COLMEIAS E SIMBOLISMO

A Colmeia tem um lugar no simbolismo egípcio, romano e cristão. Como um símbolo maçônico, ela nos ensina que "a diligência é uma virtude que deve ser praticada por todos os seres criados, desde o mais alto serafim nos Céus até o menor réptil na poeira".

ESQUERDA Abelhas retornando para a colmeia. Na Maçonaria, a abelha é símbolo da indústria, obediência e renascimento. É um emblema apropriado para a indústria sistematizada, uma virtude ensinada por meio de instruções.

A invenção e o conhecimento, contudo, não andaram de mãos dadas. Ainda não existiam livros nas eras em que o Templo do Rei Salomão estava sendo construído – não, pelo menos, no sentido em que os compreendemos hoje, como não há, igualmente, nenhum testemunho escrito de que Hiram tenha tido uma esposa, filha ou qualquer parente do sexo feminino, com exceção de sua mãe – ele é descrito na Bíblia como "filho da viúva". Apesar disso, os maçons acreditam que o símbolo tem um lugar nas suas tradições, mesmo que ele seja fundamentado mais na "romantização" do que no fato.

As Abelhas e a Colmeia

Tendo surgido no simbolismo egípcio, romano e cristão, a Abelha e a Colmeia têm uma linhagem mais antiga, anterior à época em que vieram a fazer parte da Maçonaria. No século XVIII, a Maçonaria adotou a colmeia como símbolo da indústria; abelhas e colmeias simbolizam também a sabedoria, a obediência e a regeneração. Desde então, esses símbolos frequentemente aparecem na ilustração maçônica. De acordo com a *Encyclopaedia of Freemasonry,* de Albert G. Mackey, as razões para os maçons "recorrerem à abelha e apreender o quão diligente ela é e que trabalho nobre ela produz" é porque "mesmo possuindo uma força bem pequena, valendo-se da sua sabedoria, ela realiza suas metas".

Em *True Masonic Chart*, além de ser um "emblema da diligência", a Colmeia "nos ensina que, nascendo no mundo como seres racionais e inteligentes, devemos do mesmo modo comportar-nos como criaturas diligentes, que não permanecem jamais passivas vendo à sua volta seus semelhantes passar por tantas necessidades, quando está em nosso poder auxiliá-los, sem inconveniente nenhum para nós". O paralelo aqui está nas instruções que se dão ao Mestre Maçom como parte dos rituais da iniciação ao Terceiro Grau, as quais prescrevem que o Mestre Maçom "trabalha do melhor modo para prover suas necessidades e de sua família, e para acudir às carências de um irmão caído, digno de ser ajudado, de sua viúva e de seus órfãos".

Vida, Tempo e Justiça

Tanto a ampulheta quanto o alfanje são emblemas que aparecem nos rituais do Terceiro Grau maçônico, de modo especial nos Estados Unidos. A primeira simboliza a vida humana, ao passo que o último é um emblema do tempo, que "corta o fio brilhante da vida, lançando-nos na eternidade". Tomados conjuntamente, eles se tornam símbolos da importância de despender o tempo de modo proveitoso, a serviço de Deus. As balanças simbolizam a justiça. Elas surgem na Maçonaria nos rituais do Primeiro Grau, onde, com a temperança, a fortaleza e a prudência, formam as quatro virtudes cardeais.

A Ampulheta

Foi provavelmente escolhida para ser o símbolo da vida humana porque, por sua própria natureza, a Ampulheta é uma indicação da brevidade. A lógica maçônica nos diz que o tempo é o único recurso que os homens compartilham com abundância igual. Ele pode ser usado para propósitos frutuosos e lucrativos ou ser desperdiçado. Os grãos de areia da Ampulheta caem dentro dela vagarosa, mas incessantemente, e antes de nos darmos conta, o tempo se completa. A lição é que o tempo deve ser usado com sabedoria, porque tempo desperdiçado é tempo perdido.

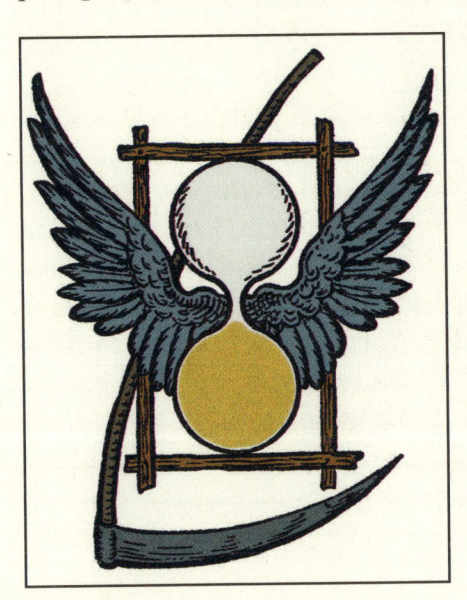

ESQUERDA A Ampulheta simboliza a vida humana e a sua brevidade, enquanto o Alfanje é um emblema do tempo e da imortalidade. A mensagem é clara – para fazer o melhor uso do tempo à nossa disposição.

O Alfanje

Tem a função de nos recordar de que a morte é certa. Já que ninguém pode predizer quando isso se dará, devemos nos preparar para um desenlace inevitável, servindo a Deus e aos nossos semelhantes. O Alfanje é também símbolo da imortalidade da alma humana. O fundamento implícito disso reside no fato de que, se o tempo for usado sabiamente para a aquisição de sabedoria e de entendimento, utilizado, pois, para servir a Deus e beneficiar a sociedade, ele nos proporcionará, em troca, uma retribuição abundante e eterna.

ACIMA A etapa crucial em uma cerimônia de iniciação de Primeiro Grau, quando a venda do candidato é removida conforme ele está em pé firmemente no chão.

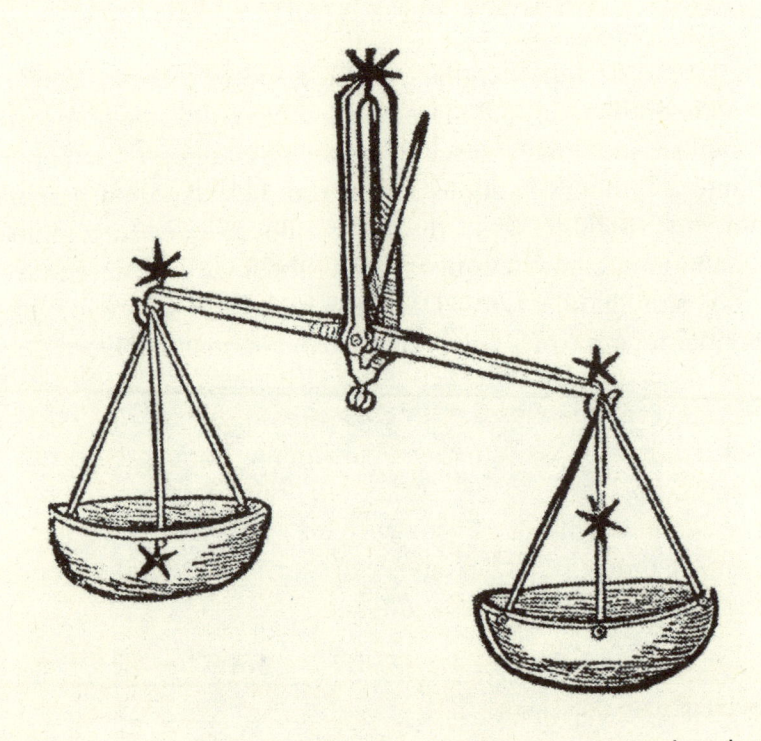

ACIMA Símbolo da Justiça, a balança aparece nos rituais de admissão para o Primeiro Grau, com as outras Virtudes Cardeais.

A Balança

A Justiça é uma das virtudes cardeais. Os maçons são alertados para a necessidade de agir com retidão em todos os seus negócios. Isso significa não deixar jamais de agir corretamente aos olhos de seus irmãos maçônicos e de seus irmãos profanos. Essa é a única pedra de fundação – outro poderoso símbolo maçônico – sobre a qual se deve edificar "uma superestrutura igualmente honrosa para eles mesmos e para a Fraternidade". É o que se ilustra nos rituais do Primeiro Grau quando se instrui o candidato à admissão a manter seus pés firmemente plantados no chão e seu corpo ereto.

AS OUTRAS VIRTUDES CARDEAIS

Do mesmo modo são claramente definidas as outras três virtudes. Temperança quer dizer nunca revelar os segredos que de boa-fé se confiam ao iniciado – como um tanto informalmente diz o ritual, nem mesmo "nas horas descuidadas de dissipação". A Fortaleza tem a função de lembrar que, qualquer que seja o dano que possa vir a vitimar uma pessoa em sua vida, ele deve ser enfrentado com "paciente resignação". Ela ensina, ainda, o candidato à iniciação a "não permitir que tormentos e perigos rompam a fidelidade indissolúvel que lhe advém da confiança que foi nele depositada". Considera-se que a quarta virtude maçônica, a Prudência, constitui "o guia verdadeiro para o entendimento entre os homens". No ritual americano – o inglês difere ligeiramente dele – ela repousa no "julgamento e determinação da propriedade com que devem ser ditas ou feitas as coisas em todas as ocasiões, que perigos devemos esforçar-nos por evitar e como nos conduzirmos em todas as dificuldades".

ORIGENS DAS VIRTUDES

Antes de 1750, pelo menos, não há referência alguma às Virtudes Cardeais em qualquer manuscrito ou ritual maçônico. Parece mais provável que a ideia delas foi tomada da Igreja Cristã, a qual por sua vez teria adquirido tal noção dos ensinamentos do filósofo grego Platão. Do mesmo modo, a Maçonaria tomou emprestado do Cristianismo as três Virtudes Teológicas – Fé, Esperança e Caridade. Essas virtudes todas constam da versão maçônica da Escada de Jacó.

Trigo e Plantas

Na Maçonaria, o trigo, o vinho e a oliva são símbolos de nutrição, recuperação e alegria. Aos maçons eles dão uma importante lição: estar sempre prontos para "nutrir os depauperados, recuperar os desfalecidos e untar com o óleo da euforia os corações dos aflitos". O Rei Salomão deu cereais, vinho e óleo aos construtores de seu tempo como paga por seus trabalhos — este é o motivo pelo qual, nos rituais de iniciação do Segundo Grau, aos Companheiros Maçons recém-admitidos se dão os mesmos "salários". As plantas, especialmente a acácia, são elementos importantes no simbolismo maçônico.

O simbolismo do trigo

O uso do trigo (cereal) como símbolo religioso vem pelo menos do tempo dos gregos antigos, que o utilizavam como emblema da deusa Deméter. Nos festivais oferecidos em seu louvor, sacerdotes e adoradores eram coroados com espigas de trigo, para simbolizar a fertilidade da terra que alimentava a humanidade. Daí, o trigo personificava as noções de abundância e fertilidade. De modo parecido, o vinho simbolizava o deus grego Dionísio, assim como o azeite era ofertado para Atena, a deusa da sabedoria – ele é o símbolo da paz e da iluminação espiritual.

No simbolismo bíblico, os três produtos possuem uma significação parecida; na liturgia cristã, o trigo e o vinho voltam feito elementos do serviço da Comunhão – o pão e o vinho representam o corpo e o sangue de Cristo. O óleo é símbolo do batismo. Na Maçonaria, o cereal é a recompensa dada em reconhecimento aos esforços que o recipiendário despendeu na construção de si mesmo e do templo; o vinho efetua o reconhecimento do saber oculto que ele descobriu e o azeite celebra a conquista da iluminação espiritual que ele atingiu.

ABAIXO Medalhas maçônicas de Lojas em Hamburgo (direita) e Genebra (esquerda), ambas retratam plantas simbólicas significativas.

UMA PLANTA SAGRADA

Tal como se dá para o trigo, o vinho e o azeite de oliva, o papel da acácia como símbolo religioso vem de tempos antigos muito remotos.

Na Bíblia, ela é denominada de *shittim* e reverenciada como a madeira sagrada com a qual foi construída a Arca da Aliança. Na Maçonaria, representa a imortalidade da alma – é assim que ela figura no ritual do Terceiro Grau, no relato do assassinato de Hiram Abiff e nos funerais maçônicos (sem embargo de, nesta última função, o cedro ou o cipreste frequentemente a substituírem). A acácia também simboliza inocência e iniciação – nessa função, o simbolismo

ESQUERDA Trigo tem sido associado com a Maçonaria. Em conjunto com o vinho e o azeite, eles desempenham um papel importante na dedicação, consagração e constituição de uma nova Loja.

PLANTAS, PÁSSAROS E ANIMAIS

Lojas maçônicas em todo o mundo têm nomes associados a plantas, pássaros e animais – Carvalho, Nogueira, Arvoredo, Colmeia, Leão e Cisne são apenas alguns exemplos. Esta pomba com ramo de oliveira é o emblema de um dos oficiais da Loja – o Grande Diácono na Inglaterra – o pássaro simboliza um mensageiro, e o ramo de oliveira, pureza, paz e inocência. O simbolismo deriva da história de Noé e o Dilúvio, como relatado no *Livro do Gênesis*, no qual uma pomba foi liberada da Arca por Noé e retornou com um ramo de oliveira.

DIREITA O colar usado pelos Grandes Oficiais na Grande Loja da Inglaterra mostra emblemas de trigo.

não deriva de qualquer analogia real, eis que ele depende unicamente do sentido grego da palavra, que é "inocência" ou "libertação do pecado". No que concerne à iniciação, a acácia é o equivalente maçônico da alface, do lótus, urze, hera e visco, que eram desde tempos remotos símbolos dos Antigos Mistérios. A alface, por exemplo, era a planta sagrada dos mistérios de Adônis, o lótus já aparecia nos Ritos Bramânicos da Índia, e os Druidas, bem como os antigos egípcios, cultuavam murta, visco e urze.

ESQUERDA Carpinteiros no trabalho fazendo a Arca da Aliança. Eles usaram *shittim*, a palavra hebraica para acácia, que em si é um símbolo maçônico altamente significativo.

As Joias

O costume de usar joias começou apenas quando a Primeira Grande Loja resolveu que todos os Veneráveis Mestres e Vigilantes das Lojas tinham de usar joias ou insígnias de cargo, pendentes de colares. Segundo os historiadores, os oficiais maçônicos não usavam joias nos primórdios da Maçonaria Especulativa. A joia do Venerável Mestre é o Esquadro, do Primeiro Vigilante é o Nível e do Segundo Vigilante é o Prumo. A joia do Tesoureiro é a chave ou as chaves cruzadas — símbolo do poder e da autoridade, tal como fora entre os antigos, muito antes que a Maçonaria se apropriasse desse símbolo.

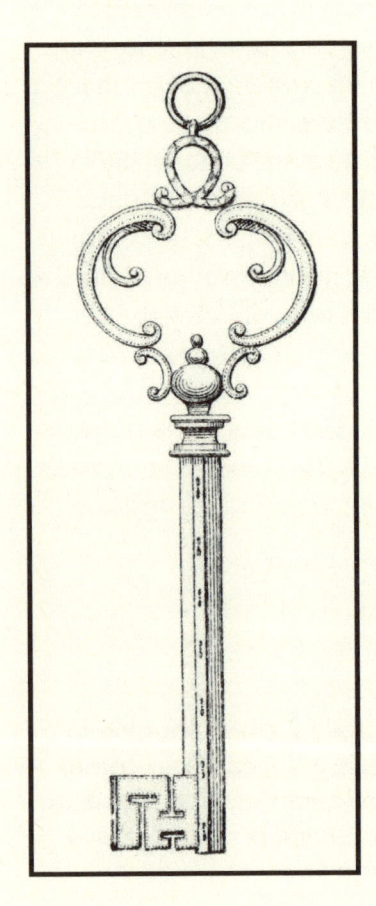

Hoje, todos os oficiais de Loja têm sua própria joia específica, que normalmente é feita de prata ou banhada a prata. O Secretário, por exemplo, usa Penas Cruzadas, enquanto os Primeiro e Segundo Diáconos usam o Esquadro e Compasso com o Sol e a Lua Crescente no centro, respectivamente. A joia do Mordomo é uma Cornucópia, a do Capelão é a Bíblia Aberta, a do Cobridor, a Espada, a do Mestre de Cerimônias, Bastões Cruzados ou um Bastão, e da Sentinela, as Espadas Cruzadas. As chaves aparecem nos ritos do Grau do Real Arco e no Mestre Secreto ou Quarto Grau do Rito Escocês. Nesses

ESQUERDA Na Maçonaria Inglesa, a Chave (ou Chaves Cruzadas) é o emblema ou Joia de Cargo vestida pelo Tesoureiro da Loja.

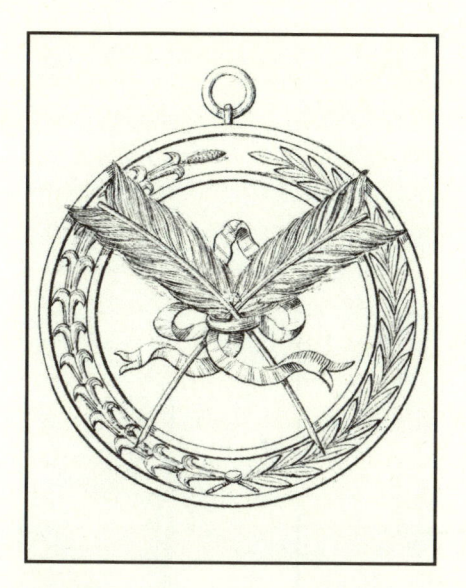

ACIMA A Joia de Cargo do Secretário da Loja apresenta duas canetas de penas cruzadas, que é particularmente um símbolo apropriado.

ACIMA O Mordomo está encarregado da comida, bebida e entretenimento. Sua Joia de Cargo é uma cornucópia.

ritos, a chave é um símbolo de sigilo. Isto serve como um lembrete de que os segredos da Maçonaria devem ser mantidos trancados ou escondidos no coração.

JOIAS DA LOJA

De forma um pouco confusa, pelo menos para os não maçons, o ritual maçônico utiliza a noção de joias em um contexto diferente quando se refere às Joias da Loja. As duas, no entanto, estão ligadas.

As Joias da Loja se enquadram em duas categorias – as joias fixas e as móveis. Em Lojas inglesas e escocesas, as joias fixas são a Prancheta da Loja, a Pedra Bruta e a Pedra Polida. Na Maçonaria norte-americana, a terminologia é invertida e as joias móveis são as Pedras Bruta e Polida e a Prancheta da Loja. Na maioria das Lojas, por exemplo, a Pedra Polida fica suspensa a partir de um tripé posicionado

ACIMA A Joia de Cargo do Capelão é uma imagem composta da Estrela Flamejante, um Triângulo e a Bíblia Sagrada.

ACIMA A Espada do Cobridor tradicionalmente tem uma lâmina curvada e sinuosa, embora não nesta Joia de Cargo específica.

ACIMA As Espadas Cruzadas são a Joia de Cargo da Sentinela, que mantém intrusos fora enquanto a Loja se reúne.

ACIMA Na maioria das Lojas Maçônicas, a Pedra Polida – uma das Joias da Loja – está suspensa a partir de um tripé para que possa ser facilmente vista durante as reuniões e rituais.

para garantir que todos na Loja possam vê-la. Uma vez que a Loja foi aberta, um guincho levanta a pedra manualmente. Este ato é um símbolo da dignidade do trabalho. É também um lembrete da necessidade de trabalhar a fim de melhorar a mente.

O Esquadro, o Nível e o Prumo são as Joias Móveis das Lojas inglesas e escocesas, e as Joias Fixas na América do Norte. O Esquadro simboliza Moralidade e Justiça, e assim figura como a joia do Venerável Mestre da Loja, uma vez que é seu dever garantir que todos os membros da Loja se comportem moralmente e de forma justa. O Nível como o símbolo da Igualdade é sinônimo das obrigações do Primeiro Vigilante, cujo trabalho é garantir que todos os membros da Loja sejam tratados de maneira justa e, por sua vez, tratem uns aos outros desse modo. Da mesma forma, ao significar Retidão e Integridade, o Prumo é a joia apropriada para o Segundo Vigilante; ele deve assegurar que seus colegas maçons se comportem de acordo com esses dois preceitos.

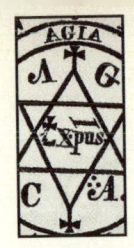

O Pentagrama

O significado maçônico do pentagrama é controverso. Embora frequentemente apareça em paramentos maçônicos e ilustração decorativa, não é mencionado em nenhum ritual, palestra ou instrução. O seu valor é puramente ornamental e qualquer simbolismo ligado a ele é uma expressão de opinião pessoal. Quando os escritores maçônicos nos dizem que "o maçom medieval considerava o pentagrama um símbolo da sabedoria profunda", isso é especulação, não a verdade. Do mesmo modo, o fato de que, entre os pitagóricos, o pentagrama era um símbolo de saúde e conhecimento não se aplica à Maçonaria.

O que sabemos sobre o Pentagrama é que ele provavelmente foi usado pela primeira vez, antes da história registrada, como um emblema de uma cidade mesopotâmica antiga e, depois, tornou-se um símbolo para a saúde e os céus, um símbolo cristão primitivo do Cristo transfigurado, e em seguida, um talismã medieval para se proteger contra o mal. No Hermetismo, tornou-se um símbolo alegórico da relação do homem com o cosmos. No contexto cristão, tem sido visto como o

DIREITA Uma medalha para comemorar o centenário da Grand Master's Lodge possui um Pentagrama no Templo do Rei Salomão ao fundo.

ESQUERDA O Esquadro e o Compasso com uma estrela de cinco pontas no centro. Isto pode ser derivado da Estrela de Hermes, que fornecia luz para os viajantes no caminho para a eventual iluminação.

Alfa e o Ômega, um símbolo de Cristo, e como uma representação das cinco chagas que o Salvador recebeu na Cruz.

É particularmente importante que isso seja estabelecido, uma vez que, ao longo dos anos, críticos antimaçônicos aproveitaram o suposto significado do Pentagrama como um símbolo maçônico para postular uma ligação direta entre a Arte, a prática oculta, o paganismo e até mesmo o Satanismo. A transformação do Pentagrama de um símbolo de proteção contra o mal em outro que representa o mal tem sido atribuída a várias causas. A principal delas talvez tenha sido a sua adoção pelos herboristas e similares, cuja prática da medicina primitiva foi identificada pelos ignorantes como bruxaria.

ACIMA Uma versão alternativa da Joia de Cargo do Real Arco usa a estrela de seis pontas como seu símbolo central.

ESQUERDA Este desenho da França do século XVII é uma prefiguração da Joia do Real Arco.

Maçonaria e o Pentagrama

Apesar das inúmeras tentativas de provar a existência de uma ligação, não há absolutamente nenhuma conexão entre a Estrela Flamejante do ritual maçônico e o Pentagrama. Painéis de Loja antigos, por exemplo, descrevem a estrela com 16 ou 15 pontas, não as cinco que a fariam um verdadeiro Pentagrama – embora haja um Pentalfa notável de cinco pontas presente. Também foram infrutíferos os esforços de usar a veneração maçônica por Pitágoras para estabelecer uma ligação entre ritos de iniciação maçônicos e o Pentagrama como um símbolo de iniciação. Essas tentativas também falharam em estabelecer qualquer evidência direta ou até mesmo casual para provar a existência desse tipo de relação.

Embora existam muitos exemplos do Pentagrama e estrela de cinco pontas sendo usados como marcas de maçons durante o período em que as grandes catedrais estavam sendo construídas na Europa, não há nenhuma prova de que tenham desempenhado qualquer papel na gênese da Arte nos dias da Maçonaria Operativa. Se tivessem desempenhado qualquer papel, o fato certamente seria mencionado, pelo menos, nas Antigas Obrigações. Além disso, embora o Pentagrama e a estrela de cinco pontas possam ser interpretados como uma representação da Proporção Áurea – o que é de grande importância para os maçons – saber se os primeiros maçons pensaram nessa interpretação é novamente uma questão controversa.

DIREITA O Grande Círculo Mágico de Agrippa é baseado em uma estrela de seis pontas, que também aparece em emblemas maçônicos.

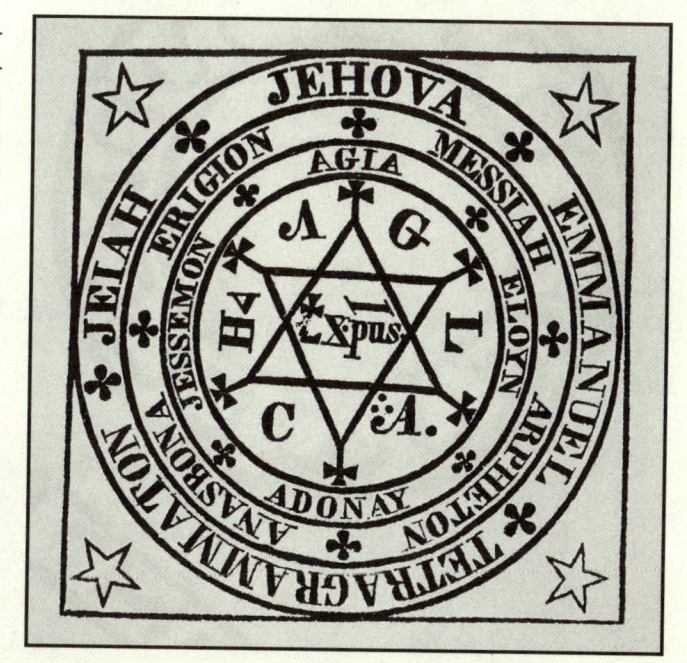

UM SÍMBOLO DE SABEDORIA

De acordo com Albert G. Mackey, os maçons medievais consideravam o Pentagrama um símbolo da sabedoria profunda. Sua primeira menção em inglês vem da lenda de *sir* Gawain e do Cavaleiro Verde, em que Gawain é descrito carregando um escudo com "vermelho brilhante e com o Pentagrama em ouro puro retratado nele". Isso representava as cinco chagas de Cristo e as cinco virtudes da generosidade, companheirismo, pureza, cortesia e misericórdia.

O Avental

Um dos sinais mais visíveis da associação maçônica é o avental de pele de cordeiro ou de couro branco — "mais antigo do que o velo de ouro ou a águia romana, mais honroso que a estrela e a jarreteira ou qualquer outra ordem que poderia ser conferida neste ou em qualquer período futuro" — como as palavras do ritual de apresentação o descrevem. É o símbolo perpétuo da filiação maçônica. O que quer que um maçom faça e onde quer que vá, o avental serve para lembrá-lo de seus deveres e obrigações maçônicos. Ele também é um lembrete simbólico do seu dever para com Deus, o seu país, seus semelhantes e sua família.

ABAIXO Este Avental do século XIX possui riqueza de simbolismo, que inclui o Templo de Salomão, a Pirâmide, os Cedros do Líbano, as Colunas de Enoque, o Pavimento Mosaico e vários Instrumentos de Trabalho.

ACIMA O Presidente George Washington foi um maçom dedicado durante grande parte de sua vida.

As origens do Avental maçônico e seu desenvolvimento e caráter antigos são obscuras. Alguns descrevem suas raízes no traje usado pelos sacerdotes do antigo Egito, mas geralmente se acredita que o avental de couro do maçom operativo chegou até a Maçonaria Especulativa juntamente com os Instrumentos de Trabalho e outros símbolos da Arte. Conforme os rituais maçônicos se desenvolveram, o Avental foi elevado ao lugar de destaque que ocupa hoje na Maçonaria.

> **QUANDO O AVENTAL É VESTIDO**
>
> Ocasiões próprias para vestir o Avental maçônico incluem participar da Loja quando esta está "trabalhando" em qualquer um dos Três Graus, ou durante o que é chamado na Maçonaria de uma Comunicação Específica. Ele é vestido em reuniões públicas, como uma instalação aberta de oficiais de Loja, noite familiar, noites entre pai e filho e assim por diante, bem como em dedicações de edifícios da Grande Loja e nivelamento de pedras angulares. Ele também é usado quando uma Loja se reúne para conduzir o funeral de um Irmão falecido.

SÍMBOLOS E DECORAÇÃO

De acordo com W. Kirk MacNulty em *Freemasonry – a Jouney through Ritual and Symbol* (1991), "o Avental maçônico era uma pele de cordeiro não adornada que era amarrada na cintura. Essa pele de cordeiro havia sido proclamada pela Maçonaria como um emblema de inocência e pureza".

Esta proclamação foi feita em algum momento no século XVIII, provavelmente por volta do mesmo tempo em que a prática de decorar aventais maçônicos com desenhos simbólicos começou. Na Maçonaria, símbolos são elementos importantes. Os símbolos mais populares incluem o Olho que Tudo Vê, as Colunas, o Esquadro e o Compasso. O Avental, que era em princípio uma peça de corpo inteiro, também se tornou fisicamente menor. Orlas e outras formas de ornamentação começaram a aparecer, inicialmente, a fim de fazer uma distinção clara entre o avental liso do Aprendiz e aqueles dos Companheiros e dos Mestres Maçons.

O AVENTAL COMO UMA INSÍGNIA

Como uma insígnia, o Avental significa "afiliação à Fraternidade", e deve sempre ser vestido na Loja. Ele é o "elo de amizade" e, portanto, um símbolo das virtudes fraternais. Ele é a "insígnia da inocência". "Demonstra ou testemunha a idade honrosa da Arte." No Terceiro

Grau é uma insígnia de autoridade, que dá ao Mestre Maçom o direito de instruir seus subordinados.

Alguns maçons levaram ao extremo a tentativa de descobrir o significado de todos os elementos do Avental. Eles vão além, a ponto de argumentar que o formato do Avental e a posição de sua aba são simbólicos. Há pouquíssima ou nenhuma justificativa para essa especulação, e o mesmo serve para as tentativas de transformar o fecho (o círculo) e o gancho (a serpente) em símbolos importantes. As origens das borlas e suas sete correntes também estão envoltas em mistério. Outras decorações são possivelmente emblemáticas, mas dizer o que elas significam é impossível.

DIREITA Este Avental data de 1772 e apresenta um triângulo bordado. O Avental é um emblema de inocência, bem como uma insígnia de um maçom.

ESQUERDA Um Avental de Grão-Mestre em pele de cordeiro branca, o símbolo da pureza, com ouro. O Sol está no centro com sete espigas de trigo em cada canto.

Os Painéis

Introduzido na Maçonaria no final do século XVIII como instrumentos de aprendizagem, os painéis tinham — e ainda têm — o propósito de auxiliar o candidato a dominar o complicado simbolismo que figura nos rituais de iniciação de cada um dos três Graus. Suas origens remontam aos dias em que incumbia ao Venerável traçar a giz, no chão da Loja, esquemas ilustrativos dos tópicos que ele estava explanando em suas instruções aos Irmãos. A isso se seguiu o revestimento do chão e, finalmente, quando as Lojas começaram a adquirir recintos permanentes, os painéis propriamente ditos.

ABAIXO Inscrições criptografadas nos Painéis de Terceiro Grau, em tipo Harris com a chave. Elas são usadas para treinar os maçons na decodificação das partes secretas do ritual maçônico.

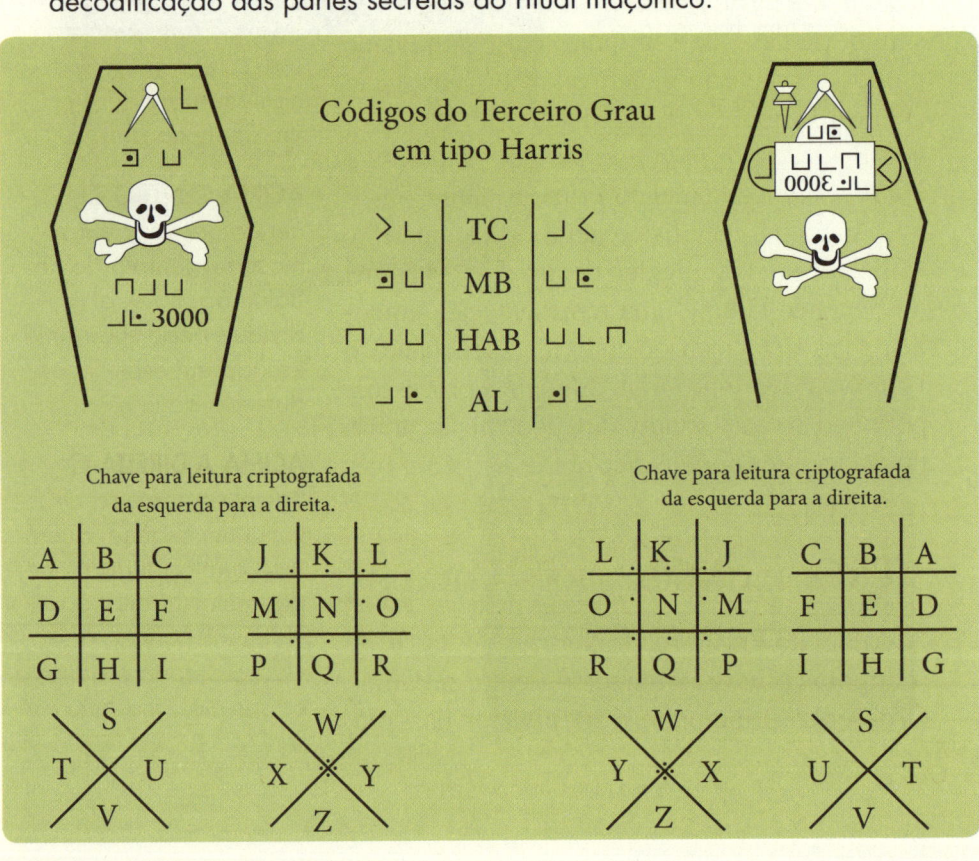

Cada um dos Graus possui seus próprios Painéis individuais. Cada Painel é pintado com diagramas emblemáticos elaborados, ilustrando os símbolos-chave de seu Grau, cujo significado próprio compete ao Venerável da Loja explicar. De acordo com W. Kirk MacNulty em *Maçonaria – Uma Jornada por meio do Ritual e do Simbolismo**, o Painel do Primeiro Grau "institui o esquema metafísico geral do Ocidente" e exibe o lugar do indivíduo dentro dele. O Painel do Segundo Grau é uma representação simbólica mais detalhada do indivíduo, enquanto o Painel do Terceiro Grau "alude ao processo... por meio do qual o indivíduo pode alcançar um potencial interior mais rico".

Três painéis, três Graus

No ritual do Primeiro Grau, orlas dentadas de triângulos pretos e brancos rodeiam o Painel. O desenho principal é o do interior da Loja,

ACIMA À ESQUERDA O Painel do Primeiro Grau inclui uma Escada e as três colunas, e descreve o local do homem individual em um contexto amplo.

ACIMA CENTRO O Painel do Segundo Grau mostra o Templo do Rei Salomão, no qual o indivíduo pode subir uma escada em espiral conduzindo ao interior.

ACIMA À DIREITA O Painel do Terceiro Grau inclui um Esquife, que é uma analogia da morte, por meio da qual o indivíduo transcenderá sua vida ordinária e atingirá coisas mais magníficas.

*N.E.: Obra publicada no Brasil pela Madras Editora.

ESQUERDA Estes maçons vienenses em uma ilustração de 1791 estão usando um Painel como ajuda para compreender o simbolismo de uma das cerimônias do Grau.

cuja representação central é constituída pelo Pavimento Mosaico de azulejos brancos e pretos, que – tal como os demais elementos que aparecem no Painel – representam a dualidade do dia e da noite, do bem e do mal, do que é fácil e do que é difícil. A Loja não possui paredes, e abre para os céus. Isto simboliza a natureza universal da Arte. Três colunas – uma Coríntia, representando a Beleza, uma Jônica, para a Sabedoria, e uma Dórica, para a Força – estão em pé sobre o Pavimento, junto a vários instrumentos. No centro, um pedestal apoia um Livro Aberto, sobre o qual repousam o Esquadro e o Compasso. Uma Escada eleva-se até a Estrela Flamejante que brilha no céu, onde estão pintados, além dela, o Sol, a Lua e sete outras estrelas. Os símbolos nos degraus da Escada representam as virtudes morais.

O Painel do Segundo Grau exibe o interior do Templo do Rei Salomão, olhando na direção do santuário interno. As duas colunas representam Jachin e Boaz, a Escada em Caracol conduz ao Santo dos Santos. No segundo plano pode-se ver o Rio Jordão, uma pequena queda-d'água e uma espiga de trigo em crescimento.

O Painel do Terceiro Grau é cercado pelo barramento de uma linha cheia, uma tarja preta, dotada de uma dupla significação, como símbolo de luto e como representação de um túmulo aberto. O esquife tem um ramo de acácia junto à cabeça, estando pintado, além disso, novamente, o interior do Templo do Rei Salomão, que aparece desta vez numa vinheta sobre o caixão. Mostram-se, ainda, os emblemas da mortalidade e os Instrumentos de Trabalho de um Mestre Maçom e de um artífice. Próxima à cabeceira do esquife, há uma placa com uma inscrição.

Glossário

Acácia
Um arbusto perene que na Maçonaria é um símbolo da imortalidade da alma.

Alarme
Um sinal de alguém buscando admissão à Loja. É dado pelo Cobridor ao bater três vezes de forma distinta na porta da sala da Loja.

Altar
O elemento central na sala da Loja.

Arca
Na Maçonaria, o símbolo da Loja, ou um baú contendo Autorizações Maçônicas, Joias e Emblemas.

Artes Liberais

As sete artes e ciências decretadas dignas de estudo na Maçonaria do Segundo Grau.

Avental

A "insígnia de um maçom", o primeiro presente que ele recebe, o primeiro símbolo a ser explicado e a primeira prova tangível da admissão à Arte. É feito em pele de cordeiro branca, que significa inocência e a necessidade de pureza na vida e em sua conduta.

Beleza

Um dos três suportes simbólicos da Loja, representada pela coluna coríntia; o Segundo Vigilante, que simboliza o Sol em seu meridiano; e Hiram Abiff, porque a beleza e a glória do Templo do Rei Salomão foram o resultado de sua habilidade.

Boaz

O nome da coluna à esquerda que ficava no pórtico do Templo do Rei Salomão.

Cabo de Reboque

Uma corda para conduzir ou puxar que figura nos rituais dos Três Graus.

Caos

Um símbolo da ignorância e escuridão intelectual das quais o homem pode ser resgatado pela luz e verdade da Arte.

Cinco

Entre os maçons, o cinco é um número sagrado, vindo atrás, em importância, somente do três e do sete. No Grau de Companheiro, por exemplo, cinco homens são necessários para manter uma Loja, enquanto no Terceiro Grau, há referências aos cinco pontos de companheirismo e o símbolo da estrela de cinco pontas.

Cobridor

O nome de cargo do guarda externo da Loja maçônica, que guarda a porta.

Cores

As cores maçônicas representam os quatro elementos: o branco simboliza a terra, a cor púrpura o mar, o azul-celeste o ar e o carmesim o fogo.

Das trevas à luz

Os candidatos aos Três Graus devem entrar na Loja na escuridão total, a qual constitui o prerrequisito necessário para receber a Luz que eles desejam e buscam.

Escada em Caracol

O caminho para subir à câmara do meio do templo. Os degraus, espiral e colunas têm significado maçônico importante.

Fidelidade

Um maçom deve fidelidade, antes de tudo, à Loja à qual ele se vincula, e em segundo lugar à Grande Loja à qual sua Loja pertence. Os membros da Loja fazem juramentos secretos e realizam rituais sigilosos de fidelidade à Loja e aos seus ensinamentos.

G

Símbolo de Deus (God) e da Geometria. Costuma-se pintá-lo na parede do Oriente da Loja ou esculpi-lo em madeira ou metal, deixando-o suspenso acima da cadeira do Venerável.

Grau

O Grau prepara o maçom para ascender ao Grau superior. Os primeiros três Graus são Aprendiz, Companheiro e Mestre Maçom.

Idade

O tempo que os maçons precisam trabalhar antes de poderem progredir para os Graus superiores. Para um Aprendiz, é três anos, para um Companheiro é cinco anos e para um Mestre Maçom sete anos.

Jachin

O nome da coluna à direita no pórtico do Templo do Rei Salomão. Está associada com estabelecimento, legalidade, o Segundo Vigilante e o Companheiro.

Joias

Toda Loja Maçônica tem seis joias – três móveis e três fixas. Na Maçonaria Inglesa, as primeiras são o Esquadro, o Nível e o Prumo e as últimas são as duas Pedras (Bruta e Polida) e a Prancheta da Loja. Na Maçonaria Americana, o caso é oposto.

Labirinto

Um símbolo da jornada pela vida.

Landmarks

Os mais importantes são os métodos de reconhecimento, o governo da Arte e as prerrogativas do Grão-Mestre.

Livro das Constituições

As regras, regulamentos e lendas da Arte, compilados por James Anderson e publicados pela primeira vez em 1723.

Loja Azul

A Loja Maçônica básica que confere os primeiros Três Graus. O termo "Loja Azul" ganhou uso mais difundido nos últimos tempos, mas "Loja Simbólica" é o termo mais usual no Reino Unido.

Luz

As Luzes Menores são velas colocadas no Oriente, Ocidente e Sul da Loja, enquanto as Luzes Fixas são as janelas para o Oriente, Ocidente e Sul. As Três Grandes Luzes são o Livro da Lei, o Esquadro e o Compasso.

Malho

Um nome antigo para um malhete.

Mãos Limpas

Emblema da pureza. As luvas brancas usadas durante as cerimônias maçônicas são uma alusão direta a este símbolo.

Meridiano

O termo maçônico para meio-dia, quando os membros de uma Loja são chamados dos seus trabalhos para a recreação.

Oriente

Na Maçonaria, o Oriente, onde tem assento o Venerável Mestre, simboliza a Luz. Os salões e salas da Loja são oblongos do Oriente ao Ocidente, enquanto os candidatos aos Três Graus marcham no sentido do Ocidente para o Oriente, em busca da Luz.

Painéis

Um meio de recordar os emblemas associados com um Grau maçônico específico.

Peça de Arquitetura

Qualquer obra de literatura que lida com a Arte.

Pedestais

Substitutos para as três colunas de Sabedoria, Força e Beleza. Os três oficias superiores da Loja sentam-se neles.

Pedra

Um termo usado por maçons para descrever a pedra conforme ela sai de uma pedreira. No Primeiro Grau, a Pedra Bruta – a pedra não trabalhada – é representação do homem em seu estado natural. A Pedra Polida simboliza o que ele pode se tornar por meio da educação maçônica.

Pedra Angular

Nas construções maçônicas, a pedra angular é sempre colocada no canto nordeste. Sua superfície deve ser quadrada e o seu conteúdo sólido; deve ser um cubo – símbolo de moralidade e verdade. Seu posicionamento simboliza o progresso da ignorância à sabedoria.

Prancheta da Loja

A prancheta sobre a qual o Venerável da Loja desenha em um ato simbólico, representando a construção de templos no coração e na mente.

Profano

Alguém não iniciado, de quem se deve ocultar os segredos maçônicos.

Quadrilongo

Um símbolo da Loja, do Templo do Rei Salomão e da Arca de Noé.

Que Assim Seja

O equivalente maçônico para amém.

Revestimento do Chão

Um quadro de tábua ou tela no qual se inscrevem os emblemas de qualquer Grau em particular, a fim de auxiliar o Venerável da Loja em suas instruções.

Serpente

Um símbolo de sabedoria e cura. Quando representada com a cauda em sua boca, ela representa a eternidade.

Triângulo

Triângulos equiláteros são símbolos de perfeição; triângulos duplos de divindade; e triângulos triplos, ou pentalfa, de saúde e companheirismo.

Virtudes Cardeais

A Maçonaria tem quatro Virtudes Cardeais – Fortaleza, Prudência, Temperança e Justiça.

BIBLIOGRAFIA

O enorme número de livros sobre Maçonaria – "a arquitetura da arte" como os maçons se referem a estes livros – é assustador. Alguns são sensacionalistas e aspirantes a obras que expõem a fraternidade, enquanto outros são bem melhores. Aqui estão algumas das mais intrigantes ao pensamento. Também é muito válido pesquisar o assunto na internet, uma vez que muitas Lojas – particularmente nos Estados Unidos – possuem *websites* informativos e úteis, enquanto alguns dos textos maçônicos clássicos, que podem ser difíceis de encontrar ou estão fora de catálogo, estão agora disponíveis *on-line*.

BAIGNENT, Michael, e Leigh, Richard
The Temple and The Lodge (Arcade Publishing, New York, 1989).

CARR, Harry
The Freemason at Work (Lewis Masonic, Shepperton, 1992).

COIL, James Stevens
Coil's Masonic Encyclopaedia (Anchor Communications, Virginia, 1991).

COTTERELL, Maurice M.
The Tutankhamun Prophecies (Hodder Headline, London, 1999).

CURL, James Stevens
The Art & Architecture of Freemasonry (Batsford, London, 1991).

DUNCAN, Malcolm C.
Duncan's Ritual of Freemasonry (Crown, New York, 1976).

DYER, Colin
Symbolism in Craft Masonry (Ian Allen, Shepperton, 1986).

HAMILL, John
The Craft: a History of English Freemasonry (Lewis Masonic, Shepperton, 1994).

HAMILL, John, e GILBERT, Robert
Freemasonry – a Celebration of the Craft (Aquarian Press, London, 1991).

JACOB, Margaret E.
Living the Enlightenment: Freemasonry and Politics in Eighteenth--Century Europe (Oxford University Press Inc., New York, 1992).

KNIGHT, Christopher, e LOMAS, Robert
The Hiram Key (HarperCollins, London, 1996).

KNIGHT, Stephen
Brotherhood: the Secret World of the Freemasons (Stein & Day, New York, 1984).

LENHOFF, Eugen
The Freemasons (Lewis Masonic, Shepperton, 1994).

MACKENZIE, Kenneth
The Royal Masonic Cyclopaedia (Thoth Publications, Loughborough, 1987).

MACKEY, Albert
A History of Freemasonry (Gramercy Books, New York, 2005).

MACNULTY, W. Kirk
Freemasonry: a Journey Through Ritual and Symbol (Thames & Hudson, London, 1991).

MACOY, Robert
Dictionary of Freemasonry (Gramercy Books, New York, 1990).

RIDLEY, Jasper
The Freemasons (Constable & Robinson, London, 2002).

ROBINSON, John
Born in Blood: the Lost Secrets of Freemasonry (Evans, New York, 1987).

SHORT, Martin
Inside the Brotherhood (HarperCollins, London, 1995).

STEVENSON, David
The Origins of Freemasonry (Cambridge University Press, Cambridge, 1998).

WILMHURST, W. L.
The Meaning of Masonry (Gramercy Books, New York, 1995).

Índice Remissivo

A

Ampulheta, a 150
Abelhas 149
Acácias 91
Alemanha 49, 61, 89
Alface 157
Alfanje, o 150
Alquimia 48, 117
Anderson, James 76, 178
Antigas Obrigações 26, 27, 105, 120, 121, 139, 165
Antigos, os 33, 52, 74
Antigo Egito 25, 72, 102, 104, 167
Antigos Mistérios 12, 33, 74, 128, 157
Anti-Masonic Party 59
Arca da Aliança 13, 70, 155, 157
Arquitetura 25, 35, 40, 49, 62, 64, 65, 66, 67, 72, 75, 76, 77, 78, 80, 83, 87, 88, 89, 102, 108, 125, 128, 143, 144, 182
As Três Luzes 55
Astronomia 67, 115, 120, 122
Auchenleck 43
Avental, o 35, 167, 168

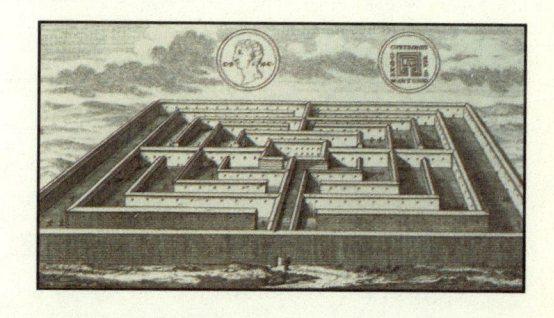

B

Bacon, Francis 46, 47
Bélgica 49
Bíblia, a 12, 56, 96, 158, 160

Bannaker, Benjamin 144
Belcher, Jonathan 53
Boaz 25, 27, 54, 56, 82, 86, 105, 106, 107, 173, 175
Boston Tea Party 53
Boswell, John 43
Brongniart, Alexandre-Théodore 91

C

Capela de Rosslyn 21, 22, 23
Caso Dreyfus 60
Catedral de Chartres 64, 66
Cavaleiros Templários 6, 13, 20, 21, 22, 23, 24, 74
Churchill, Winston 61
Colmeias 149
Coluna Partida 146, 147, 148
Colunas 25, 27, 54, 69, 76, 82, 86, 87, 90, 96, 101, 104, 105, 106, 107, 108, 112, 120, 121, 122, 125, 171, 172, 173, 176, 179
Compasso, o 8, 33, 56, 94, 95, 105, 119, 145, 163, 168, 173, 179
Cor 86, 176
Cornucópia 158
Corpus Hermeticum 39
Cristianismo 10, 73, 153
Crânio, o 5, 132, 133

D

Danton, Georges 53
de Molay, Jacques 23
Declaração de Independência 53
Dédalo 36, 37, 38, 103
Dee, Dr. John 48

E

Escada de Jacó 127, 129, 153
Escadas 69, 128, 131
Escócia 20, 21, 23, 40, 42, 53, 58, 106
Esfinges 72, 75
Espada, a 135, 158
Espada do Cobridor 160
Esquadro, o 8, 33, 56, 94, 95, 105, 119, 145, 158, 168, 173, 178, 179
Esquife e o Crânio 132, 133
Estrela Flamejante 86, 113, 115, 116, 123, 125, 126, 136, 160, 164, 173
Euclides 91, 139, 141

F

Flávio Josefo 99
Fortaleza 153, 181
França 20, 22, 53, 58, 60, 64, 73, 74, 89, 90, 164

G

Galileu 46
Geometria 48, 49, 64, 67, 139, 140
Globos 107, 120, 121, 122
Goethe, Johann Wolfgang von 18, 91
Grande Loja da Pensilvânia 49
Grande Loja Unida da Inglaterra 52
Grande Selo 103, 110, 111, 112
Grandes Luzes 12, 94, 179
Grau do Real Arco 54, 158

H

Hall, Manly P. 74
Hancock, John 53
Hawksmoor, Nicholas 90
Hermes Trismegisto 72, 91

I

Igreja Católica Romana 10
Iluminismo, o 73
Imhotep 104
Instrumentos de Trabalho 94, 96, 97, 101, 166, 167, 173
Inocêncio II, Papa 21
Invisible College 44, 46, 47
Itália 49, 60

J

Jachin 25, 27, 54, 56, 82, 86, 105, 106, 107, 173, 177
Jardins 89, 91
Jardins funerários 91
Joias 38, 158, 159, 178

L

L'Enfant, Pierre Charles 144
Labirinto 36, 38, 67, 103
Lafayette, Marquês de 53
Langley, Batty 77
Le Nôtre, André 144

Lírios 27
Livro das Constituições 178
Livro dos Mortos 83
Lua, a 106, 111, 112, 113, 116, 117, 118, 119, 158, 173
Luzes Menores 106, 116, 117, 118, 179

M

Maçonaria Operativa 15, 43, 67, 94, 98, 165
Maçons 6, 8, 12, 13, 14, 15, 17, 18, 19, 20, 23, 24, 25, 26, 27, 33, 34, 36, 37, 38, 40, 42, 43, 44, 45, 48, 52, 53, 57, 58, 60, 61, 62, 64, 65, 67, 68, 69, 71, 72, 73, 74, 76, 77, 79, 80, 81, 83, 84, 85, 86, 88, 94, 95, 97, 99, 101, 102, 103, 104, 110, 114, 115, 116, 117, 119, 121, 131, 132, 133, 136, 139, 141, 142, 143, 144, 149, 152, 154, 159, 161, 164, 165, 169, 170, 172, 176, 177, 180, 182
Mainz, Arcebispo de 115
Malhete, o 94, 97, 134
Manuscrito Cook 27, 28
Manuscrito Regius 27, 29
Mapas 107, 121, 122
Meio-dia 31, 114, 179
Memorial Nacional Maçônico 83
Meridiano 179
Mesopotâmia 33
Mitraísmo 33

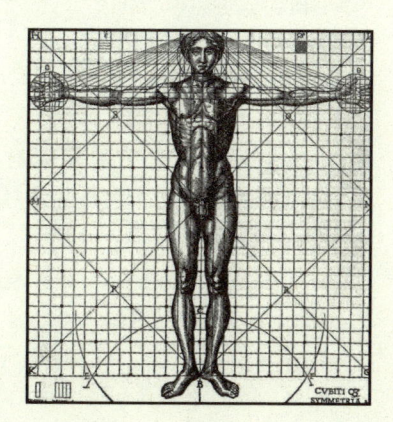

N

Napoleão 73, 74
Newton, Isaac 44

O

Obeliscos 72, 75, 90
Olho de Hórus 110
Olho que Tudo Vê 86, 103, 109, 110, 111, 112, 168
Origens 6, 13, 14, 21, 29, 35, 38, 92, 102, 109, 111, 114, 120, 123, 146, 167, 169, 170
Orla Dentada 115, 116, 123, 126

P

Painéis 117, 119, 122, 133, 164, 170, 171, 179
Pavimento Mosaico 86, 123, 124, 125, 126, 166, 172
Pedra Bruta 14, 62, 118, 119, 159, 180
Pedra Polida 14, 118, 119, 159, 161, 180
Pedras angulares 168
Perdix 38
Père-Lachaise, Paris 91
Pike, Albert 33, 83
Pirâmides 35, 72, 75, 90, 91, 102, 103, 104
Pitágoras 34, 38, 76, 91, 139, 141, 164
Preston, William 42, 122
Primeira Grande Loja 49, 80, 118, 158
Prudência 153, 181
Prumo 86, 94, 95, 97, 118, 119, 158, 161, 178

R

Régua de 24 polegadas 94, 95, 97
Renascimento 39, 42, 73, 77, 79, 112
Revolução Americana 53

Rito de York 54, 135
Rito Egípcio 74
Rito Escocês 54, 83, 158
Rituais 8, 13, 15, 17, 23, 25, 27, 32, 42, 54, 57, 67, 78, 94, 99, 101, 102, 104, 113, 115, 116, 118, 127, 132, 135, 146, 149, 150, 152, 154, 161, 167, 170, 175, 176
Romãs 27
Rousseau, Jean-Jacques 90
Reagan, Ronald 61

S

Salomão, Rei 6, 12, 13, 15, 17, 23, 25, 27, 30, 56, 65, 67, 68, 69, 71, 76, 81, 82, 86, 90, 96, 97, 98, 99, 101, 105, 106, 107, 112, 120, 123, 141, 149, 154, 162, 171, 173, 175, 177, 180

T

Temperança 153, 181
Templo do Rei Salomão 12, 13, 15, 23, 25, 27, 30, 56, 65, 67, 68, 69, 76, 81, 82, 86, 90, 96, 97, 98, 99, 101, 105, 106, 107, 112, 120, 123, 149, 162, 171, 173, 175, 177, 180
Trigo 154, 155, 157, 169, 173
Trolha 94, 95, 97

V

Velas 57, 85, 106, 179
Visco 157
Vitrúvio 76, 78, 129

W

Washington DC 143
Washington, George 18, 53, 81, 83, 144, 167
Wren, Christopher 44, 144